BESTACTIVITYBOOKS.COM

Copyright © 2022 LINGUAS CLASSICS

PREMIERE ÉDITION

Dépôt légal, 2022

Illustration Graphique Extra: www.freepik.com
Merci à Alekksall, Starline, Pch.vector, Rawpixel.com,
Vectorpocket, Dgim-studio, Upklyak, Macrovector,
Stockgiu, Pikisuperstar & Freepik.com Designers

Découvrez des Jeux Gratuits en Ligne

Disponible Ici :

BestActivityBooks.com/FREEGAMES

5 ASTUCES POUR DÉMARRER !

1) COMMENT RÉSOUDRE LES MOTS MÊLÉS

Les puzzles sont dans un format classique :

- Les mots sont cachés sans espaces, tirets, ...
- Orientation : Les mots peuvent être écrits en avant, en arrière, vers le haut, vers le bas ou en diagonale (ils peuvent être inversés).
- Les mots peuvent se chevaucher ou se croiser.

2) UN APPRENTISSAGE ACTIF

Un espace est prévu à côté de chaque mots pour noter la traduction. Pour favoriser un apprentissage actif un **DICTIONNAIRE** à la fin de cette édition vous permettra de vérifier et étendre vos connaissances. Cherchez et notez les traductions, trouvez-les dans le Puzzle et ajoutez-les à votre vocabulaire !

3) MARQUEZ LES MOTS

Vous pouvez inventer votre propre système de marquage. Peut-être en utilisez-vous déjà un ? Sinon, vous pourriez, par exemple, marquer les mots qui ont été difficiles à trouver d'une croix, ceux que vous avez aimés d'une étoile, les mots nouveaux d'un triangle, les mots rares d'un diamant, etc...

4) STRUCTUREZ VOTRE APPRENTISSAGE

Cette édition vous offre un **CARNET DE NOTES** très pratique à la fin du livre. En vacances ou en voyage ou à la maison, vous pouvez facilement organiser vos nouvelles connaissances sans avoir besoin d'un second bloc-notes !

5) VOUS AVEZ FINI TOUTES LES GRILLES ?

Allez à la section bonus **CHALLENGE FINAL** pour trouver un jeu gratuit à la fin de cette édition !

Simple et Rapide ! Découvrez notre collection de livres d'activités pour votre prochain moment de détente et **d'apprentissage**, à juste un clic de distance !

Trouvez votre prochain défi sur :

BestActivityBooks.com/MonProchainLivre

À vos marques, prêts... Partez !

Saviez-vous qu'il existe environ 7 000 langues différentes dans le monde ? Les mots sont précieux.

Nous aimons les langues et avons travaillé dur pour créer les livres de la plus haute qualité pour vous. Nos ingrédients ?

Une sélection des thématiques d'apprentissage adaptée, trois belles parts de divertissement, puis nous ajoutons une cuillère de mots difficiles et une pincée de mots rares. Nous les servons avec soin et un maximum de plaisir pour vous permettre de résoudre les meilleurs jeux de mots mêlés qui soient et d'apprendre en vous amusant !

Votre avis est essentiel. Vous pouvez participer activement au succès de ce livre en nous laissant un commentaire. Nous aimerions vraiment savoir ce que vous avez préféré dans cette édition !

Voici un lien rapide qui vous mènera à la page d'évaluation de vos commandes :

BestBooksActivity.com/Avis50

Merci pour votre aide et amusez-vous bien !

De la part de toute l'équipe

1 - Conduite

```
Y  R  M  O  L  A  G  R  O  F  M  Y  E  T  X  A
R  E  O  V  T  É  R  K  É  P  B  V  Y  W  S  L
F  N  T  C  E  X  Y  V  C  K  W  Y  L  U  I  X
A  D  O  T  G  S  W  B  S  J  I  E  É  Z  K  L
K  Ő  R  P  C  V  Z  U  A  E  C  R  D  G  A  Y
G  R  K  E  K  É  F  É  Y  L  Ú  T  E  Á  M  U
C  S  E  D  B  Ó  K  I  L  J  E  F  G  S  I  Y
S  É  R  W  R  T  G  D  K  Y  A  S  N  N  O  X
E  G  É  N  A  U  C  Y  P  Z  Y  K  E  O  N  N
B  R  K  Z  G  A  Y  N  A  M  E  Z  Ü  T  L  T
E  J  P  V  I  D  J  V  J  L  R  C  R  Z  Z  G
S  S  Á  T  Í  L  L  Á  Z  S  O  K  V  I  G  A
S  O  R  G  Á  Z  N  M  J  J  T  G  H  B  I  R
É  C  W  F  V  U  B  D  T  D  O  I  O  G  G  Á
G  A  P  T  D  D  Y  O  L  R  M  X  A  S  L  Z
M  R  E  B  T  B  R  D  X  A  L  A  G  Ú  T  S
```

BALESET	MOTORKERÉKPÁR
KAMION	GYALOGOS
ÜZEMANYAG	RENDŐRSÉG
TÉRKÉP	ÚT
VESZÉLY	BIZTONSÁG
FÉKEK	FORGALOM
GARÁZS	SZÁLLÍTÁS
GÁZ	ALAGÚT
ENGEDÉLY	SEBESSÉG
MOTOR	AUTÓ

2 - Plantes

```
S  Ó  F  P  D  D  T  X  T  H  O  F  T  K  I  L
O  Y  Y  L  L  F  Z  N  R  O  T  Z  H  A  N  J
B  G  W  U  D  Z  S  M  Á  C  D  N  A  K  P  S
A  O  J  X  H  G  P  Z  G  D  K  S  T  T  E  P
B  B  T  V  I  R  Á  G  Y  G  M  Y  V  U  P  S
M  D  R  A  H  V  T  T  A  B  Y  H  L  S  F  G
F  C  E  J  N  Á  Y  T  S  O  R  O  B  Z  S  Y
P  E  K  K  C  I  Z  S  I  L  W  B  E  R  W  Ö
F  I  R  Y  U  V  K  T  Z  S  U  B  M  A  B  K
R  I  X  D  N  H  L  A  C  I  X  C  A  K  Ű  É
M  O  H  A  Ő  N  U  Z  V  G  R  P  R  M  F  R
V  X  N  H  C  W  C  O  M  X  Z  O  L  E  A  N
I  T  J  Z  P  R  L  B  Z  L  J  C  M  L  X  X
Z  E  J  D  E  A  A  M  G  G  J  A  F  R  M  B
L  V  U  F  I  E  V  O  Y  Z  U  X  B  B  R  Y
H  X  H  T  E  S  Y  L  B  O  K  O  R  D  H  Z
```

FA	ERDŐ
BOGYÓ	NŐ
BAMBUSZ	BAB
BOTANIKA	FŰ
BOKOR	KERT
KAKTUSZ	BOROSTYÁN
TRÁGYA	MOHA
LOMBOZAT	SZIROM
VIRÁG	GYÖKÉR

3 - Ferme #2

```
B W X J N F T R O T K A R T P N
S P A J T A G O T É A D Z A G R
Z X M I W B Y T G R C P V Y V N
R S Á D P F Ü Z O B S B R N P O
T I L D M Y M S H X A D Ú Á C K
E H P P M L Ö Á R J N J É Z R U
J V V P G C L P L Z J U L G A K
M É H K A S C B W G Z W E Y U O
S T U O H Y S M F A A C L Ü O R
B D J K C M L J S T P V M M G I
P Á K Y L N Ö V É N Y I I Ö J C
X T R W C M B P Z R I R S L X A
Z A V Á Y C F J Ö F F P Z C V C
N G S N N F C U T F Z X E S A I
B A U S X Y I L N N U J R Ö K Z
Á L L A T O K G Ö U J Z R S M B
```

BÁRÁNY	LÁMA
GAZDA	NÖVÉNYI
ÁLLATOK	KUKORICA
PÁSZTOR	JUH
BÚZA	ÉLELMISZER
KACSA	ÁRPA
GYÜMÖLCS	RÉT
PAJTA	MÉHKAS
ÖNTÖZÉS	TRAKTOR
TEJ	GYÜMÖLCSÖS

4 - Vacances #2

```
K  P  M  T  L  G  V  S  H  W  S  E  T  W  L  P
E  U  D  N  W  R  O  Z  S  H  Z  O  O  A  Y  L
M  X  S  U  K  U  N  I  W  Á  Á  D  O  Z  X  J
P  H  L  G  Y  P  A  G  U  B  L  X  X  W  I  I
I  P  É  K  R  É  T  E  G  P  L  A  L  S  C  T
N  R  V  B  Ó  C  J  T  T  O  T  R  C  F  I
G  E  E  V  V  T  Z  I  L  N  D  G  I  A  X  O
V  P  L  H  C  D  O  V  D  N  A  R  T  S  Y  H
Í  Ü  T  J  D  D  D  F  S  Á  T  O  R  Z  K  N
Z  L  Ú  F  O  G  L  A  L  Á  S  O  K  A  Ü  T
U  Ő  É  T  T  E  R  E  M  P  C  H  H  B  L  E
M  T  Z  U  N  N  T  A  J  H  O  M  W  A  F  N
B  É  U  T  A  Z  Á  S  J  I  Z  M  S  D  Ö  G
W  R  S  Z  Á  L  L  Í  T  Á  S  X  J  I  L  E
A  W  I  T  A  E  M  Y  S  B  A  F  A  D  D  R
R  W  A  A  W  S  X  S  K  U  S  B  S  Ő  I  X
```

REPÜLŐTÉR	STRAND
KEMPING	ÉTTEREM
TÉRKÉP	FOGLALÁSOK
KÜLFÖLDI	TAXI
SZÁLLODA	SÁTOR
SZIGET	VONAT
SZABADIDŐ	SZÁLLÍTÁS
TENGER	NYARALÁS
ÚTLEVÉL	VÍZUM
FOTÓK	UTAZÁS

5 - Temps

```
O O V D N F R G X É S E P D E V
V V M N A I L R F V Z B U J Z A
U D É L P U I A J E Á E I R R D
M T U J T S O M Ö S Z N J N W M
U T Á J Á T I H V K A V L A X X
A Ő L N R B A K Ő X D F P P Y M
K L Z U I W X G H G O N L A T J
A E L V W F G U P B O C N V O
Z L X L P E G X M I R A J Ó E V
S T B M R G X X N I N B T H V G
J W O M A K F P A N G E T A F Y
É V L L L P V M E E P Y H M R I
R E G G E L H D N R Ó F Z A R G
G N B A Z A É Z E Y C R H R M J
G L B F R P T N W M X F A C X D
É V T I Z E D J I Y U I R S F Z
```

ÉV	TEGNAP
ÉVES	NAP
UTÁN	MOST
MA	REGGEL
ELŐTT	DÉL
HAMAR	PERC
NAPTÁR	HÓNAP
ÉVTIZED	ÉJSZAKA
JÖVŐ	HÉT
ÓRA	SZÁZAD

6 - Maison

```
P S U K O S C L U K A L B A M B
M J E O K S P O M W M T T E T Ő
N Z T N M N G K N X N X L K F T
U C X Y N A H U Z C W Z B S Ű U
M V C H J W Y C D S L V K T R D
Ó T J A K A N D A L L Ó Ö J P G
V K V O P L P T E Z E Y N N E M
L E E X G S A N I I M A Y M S G
K Á T R Ö K Ü T S E J R V K N J
H N M I Í R O W V Z F L T E R F
D I C P A T G N G R Ő A Á R E G
N M U N A F É O O L J N R T Y A
S Z O B A A P S L Z L E Y Y H R
R Z S P M L P A D L Á S O E X Á
R J X J L J U I W J L R B A G Z
G T S R K I F Ü G G Ö N Y Ö K S
```

SEPRŰ	PADLÁS
KÖNYVTÁR	KERT
SZOBA	LÁMPA
KANDALLÓ	TÜKÖR
KULCSOK	FAL
KERÍTÉS	MENNYEZET
KONYHA	AJTÓ
ZUHANY	FÜGGÖNYÖK
ABLAK	SZŐNYEG
GARÁZS	TETŐ

7 - Légumes

```
T  Z  Y  Y  K  S  O  D  F  G  O  S  A  M  F  P
G  O  M  B  A  O  S  O  O  S  R  S  R  O  E  A
V  X  C  N  P  Ó  O  C  K  Á  E  V  T  G  H  R
D  K  U  C  M  Y  X  O  H  R  T  U  I  Y  É  A
V  H  W  Z  F  G  O  C  A  G  E  F  C  O  R  D
B  R  O  K  K  O  L  I  G  A  K  G  S  R  R  I
B  Z  W  Ö  M  B  K  Z  Y  R  H  Y  Ó  Ó  É  C
G  O  C  T  L  J  V  V  M  É  F  Ö  K  H  P  S
L  B  R  N  G  A  I  I  A  P  I  M  A  A  A  O
E  T  Y  S  L  L  I  F  Z  A  F  B  Z  G  K  M
N  Ó  V  G  Ó  O  Y  A  P  P  P  É  E  Y  R  S
J  N  H  I  I  R  C  N  M  B  M  R  L  M  O  A
P  E  T  R  E  Z  S  E  L  Y  E  M  L  A  B  L
X  P  Y  F  F  Y  G  R  L  V  G  R  E  G  U  Á
A  S  P  A  D  L  I  Z  S  Á  N  A  R  H  U  T
Z  R  C  L  R  Y  S  I  J  O  A  X  H  N  O  A
```

FOKHAGYMA	SPENÓT
ARTICSÓKA	GYÖMBÉR
PADLIZSÁN	FEHÉRRÉPA
BROKKOLI	HAGYMA
SÁRGARÉPA	OLAJBOGYÓ
ZELLER	PETREZSELYEM
GOMBA	BORSÓ
TÖK	RETEK
UBORKA	SALÁTA
MOGYORÓHAGYMA	PARADICSOM

8 - Famille

```
A N Y A I F O A U M H O R A I H
G Y R L K E T N N T W Z B S E O
Ú M N G D L M Y O R K Y L Y U F
H L G Á C E A A K E M R E Y G C
A P A I L S M L A P A Y G A N Y
K H A R K É X C Ö B J E U M K K
O W A P A G L M C D W W N H Y B
N Y O C T B R I S C Á B Y G A N
U N O K Á J A Z Ő P Y N E I Y F
U N O K A T E S T V É R N B D T
G Y E R M E K E K N H I K D F E
O O J H S O H M R É H I J S I S
N A G Y M A M A F N M C T S Z T
A K W V Z I R H É I K N Z N E V
T P R O K K E M R E Y G W F G É
N N D D F J I T J Z H O A Y H R
```

ŐS   FÉRJ
UNOKATESTVÉR   ANYAI
GYERMEKKOR   ANYA
GYERMEK   UNOKAÖCS
GYERMEKEK   UNOKAHÚG
FELESÉG   NAGYBÁCSI
LÁNYA   APAI
TESTVÉR   UNOKÁJA
NAGYMAMA   APA
NAGYAPA   NÉNI

9 - Oiseaux

```
P J K V P I V J M K I P G H F Y
K A K U K K Z C N J L I B O P V
G Z G W M L M Y H L H N V T R X
J A Y L Ó G Ú P U L D G I A Y A
N S L K F A B Y W X Y V L G E C
E C I A V Á P L T D T I W X B L
T A O F M N V Á H T P N R G O K
X K T L X B C R G B A B N B B P
H O O A P É R I O I P H M H X K
L B J M A R L S C R A I X O U M
L N Á I E E J M M É G E R G S H
S C S N N V K Z T N Á K I L E P
Y A X G L G R J U Ú J R A V S F
P H S Ó L I B A K A K I R X O M
I Y E X T X Z G Á O P S X E M M
Z R L X R L B V N A C C U R T S
```

SAS	PINGVIN
STRUCC	VERÉB
KACSA	SIRÁLY
GÓLYA	TOJÁS
GALAMB	LIBA
VARJÚ	PÁVA
KAKUKK	PAPAGÁJ
HATTYÚ	PELIKÁN
FLAMINGÓ	CSIRKE
GÉM	TUKÁN

10 - Disciplines Scientifiques

```
M  F  R  T  F  Ö  A  F  G  R  P  K  T  T  S  K
N  U  E  F  E  K  N  I  N  É  S  I  É  J  P  N
A  E  N  C  A  O  A  Z  Y  G  Z  M  Y  M  M  B
T  H  H  B  I  L  T  I  E  É  I  M  C  B  I  W
Y  E  Z  P  G  Ó  Ó  O  L  S  C  U  S  O  S  A
N  B  R  C  Ó  G  M  L  V  Z  H  N  I  T  Z  K
Á  I  N  M  L  I  I  Ó  É  E  O  O  L  A  O  I
V  O  E  X  O  A  A  G  S  T  L  L  L  N  C  N
S  K  U  Á  E  D  A  I  Z  O  Ó  Ó  A  I  I  A
Á  É  R  L  G  B  I  A  E  T  G  G  G  K  O  H
I  M  O  L  I  V  G  N  T  N  I  I  Á  A  L  C
B  I  L  A  A  L  Ó  C  A  L  A  A  S  B  Ó  E
P  A  Ó  T  H  B  L  F  V  M  X  H  Z  I  G  M
D  K  G  T  M  T  O  E  F  I  I  E  A  G  I  R
L  L  I  A  Y  N  I  Y  B  H  S  K  T  G  A  W
S  J  A  N  X  H  B  J  W  S  W  T  A  K  I  I
```

ANATÓMIA	NYELVÉSZET
RÉGÉSZET	MECHANIKA
CSILLAGÁSZAT	ÁSVÁNYTAN
BIOKÉMIA	NEUROLÓGIA
BIOLÓGIA	FIZIOLÓGIA
BOTANIKA	PSZICHOLÓGIA
KÉMIA	SZOCIOLÓGIA
ÖKOLÓGIA	TERMODINAMIKA
GEOLÓGIA	ÁLLATTAN
IMMUNOLÓGIA	

11 - Maladie

```
K  L  S  T  S  E  T  V  T  P  W  X  V  H  N  N
Y  R  X  O  K  Z  I  S  S  S  E  N  L  L  E  W
R  H  Ó  C  P  S  Í  S  Á  T  I  N  U  M  M  I
C  R  X  N  N  G  S  V  D  S  C  O  Z  K  A  E
X  S  Z  F  I  D  V  A  I  G  R  E  L  L  A
C  E  O  U  M  K  C  U  L  K  J  A  G  É  W  I
R  N  Z  N  Z  N  U  E  L  É  I  B  N  G  N  T
F  E  O  J  T  Z  F  S  U  Y  H  I  E  Z  T  Á
O  F  B  H  Z  O  A  M  Y  G  T  A  Y  É  Z  P
T  G  M  K  M  G  K  H  G  Á  Ü  K  G  S  O  O
Ö  R  Ö  K  L  E  T  E  S  S  D  I  V  C  T  R
E  G  É  S  Z  S  É  G  Ő  Z  Ő  T  R  E  F  U
S  Z  I  N  D  R  Ó  M  A  H  G  E  H  W  Z  E
O  J  T  E  R  Á  P  I  A  U  E  N  A  P  F  N
Z  E  O  C  N  B  J  P  X  J  Y  E  S  T  K  O
E  L  B  C  I  W  R  R  G  C  I  G  I  I  U  G
```

HASI	IMMUNITÁS
ALLERGIA	GYULLADÁS
WELLNESS	ÁGYÉKI
KRÓNIKUS	NEUROPÁTIA
FERTŐZŐ	CSONTOK
TEST	TÜDŐ
SZÍV	LÉGZÉS
GYENGE	EGÉSZSÉG
GENETIKAI	SZINDRÓMA
ÖRÖKLETES	TERÁPIA

12 - Univers

```
E  K  Ő  B  F  Y  C  V  G  A  M  O  C  Y  R  I
G  É  S  S  E  L  É  Z  S  K  B  U  N  H  G  B
G  W  C  E  G  Y  E  N  L  Í  T  Ő  A  R  A  J
J  M  V  Ö  T  A  L  L  Á  Y  F  J  P  V  L  K
C  F  Á  B  C  P  U  A  O  M  A  S  F  S  A  I
H  S  T  A  Z  S  Á  G  A  L  L  I  S  C  X  L
R  O  I  N  A  P  F  O  R  D  U  L  Ó  V  I  Á
F  H  L  L  O  A  W  S  P  K  F  O  G  E  S  T
L  O  K  D  L  Z  K  U  P  S  C  P  N  U  D  H
L  S  E  Z  H  A  I  K  O  Z  M  I  K  U  S  A
L  S  E  C  K  C  G  R  R  O  E  S  H  R  J  T
É  Z  F  I  O  T  W  Á  O  E  S  G  É  Y  P  Ó
G  Ú  C  R  V  W  S  U  S  H  Y  Z  G  M  Y  I
K  S  A  D  I  O  R  E  T  Z  S  A  Y  L  Á  P
Ö  Á  R  S  Ö  T  É  T  S  É  G  L  G  C  O  N
R  G  F  É  L  T  E  K  E  F  M  H  F  Z  I  L
```

ASZTEROIDA	SZÉLESSÉG
CSILLAGÁSZ	HOSSZÚSÁG
CSILLAGÁSZAT	HOLD
LÉGKÖR	SÖTÉTSÉG
ÉG	PÁLYA
KOZMIKUS	NAP
EGYENLÍTŐ	NAPFORDULÓ
GALAXIS	TÁVCSŐ
FÉLTEKE	LÁTHATÓ
HORIZONT	ÁLLATÖV

13 - Géographie

```
É  J  B  V  H  L  M  K  Y  Z  F  P  E  V  B  T
S  M  F  A  Z  D  A  N  O  V  K  Z  F  Á  I  E
Z  S  A  L  T  A  G  Y  X  N  M  C  M  R  Y  R
A  T  K  É  T  G  A  U  N  Á  T  A  S  O  W  Ü
K  V  F  D  É  C  S  G  K  E  E  I  H  S  R  L
B  L  O  N  R  O  S  A  P  C  G  T  N  E  E  E
E  B  L  F  K  S  Á  T  F  Ó  I  E  X  E  G  T
K  A  Y  T  É  R  G  N  G  Á  Z  S  R  O  N  Y
J  M  Ó  O  P  A  Á  A  G  I  S  Y  P  C  E  S
N  C  E  C  P  O  L  U  I  W  I  X  B  A  T  I
F  A  J  R  E  P  I  S  Z  É  L  E  S  S  É  G
W  N  K  J  I  R  V  B  B  V  I  F  L  G  M  D
A  W  R  U  Y  D  G  F  V  I  K  Z  N  E  V  H
L  G  F  W  D  S  I  T  S  D  Y  I  A  K  D  C
F  É  L  T  E  K  E  Á  M  É  E  D  L  E  N  M
Z  X  W  S  I  N  G  B  N  K  L  X  H  P  N  K
```

MAGASSÁG	VILÁG
ATLASZ	HEGY
TÉRKÉP	ÉSZAK
KONTINENS	ÓCEÁN
FOLYÓ	NYUGAT
FÉLTEKE	ORSZÁG
SZIGET	VIDÉK
SZÉLESSÉG	DÉL
TENGER	TERÜLET
MERIDIÁN	VÁROS

14 - Bâtiments

```
A  I  D  F  H  E  C  P  M  S  G  J  T  G  U  J
S  C  O  L  W  J  H  F  S  Z  R  M  O  J  I  N
S  Z  L  I  S  K  O  L  A  Í  Y  Ű  R  Á  Y  G
E  C  Á  J  D  P  K  C  K  N  K  H  O  K  X  U
W  T  T  L  T  X  A  C  H  H  A  E  N  O  Z  S
U  B  E  Z  L  Y  H  J  B  Á  B  L  C  P  S  W
V  R  K  E  I  O  B  X  T  Z  I  Y  K  S  S  O
W  Z  R  G  O  K  D  R  C  A  N  O  E  Á  O  H
V  F  A  Y  G  U  E  A  L  A  K  Á  S  T  L  L
G  Á  M  E  W  O  I  A  P  E  W  O  G  O  N  E
A  A  R  T  K  Ó  R  H  Á  Z  R  K  E  R  U  L
R  B  E  E  H  Y  D  K  R  S  T  A  D  I  O  N
Á  Y  P  M  U  E  Z  Ú  M  B  K  U  N  Z  Z  X
Z  M  U  I  R  Ó  T  A  R  O  B  A  L  O  E  T
S  D  Z  D  F  Y  O  D  P  X  Z  T  B  M  S  Z
Y  H  S  N  A  G  Y  K  Ö  V  E  T  S  É  G  C
```

NAGYKÖVETSÉG	SZÁLLODA
LAKÁS	LABORATÓRIUM
MŰHELY	MÚZEUM
KABIN	STADION
VÁR	SZUPERMARKET
MOZI	SÁTOR
ISKOLA	SZÍNHÁZ
GARÁZS	TORONY
PAJTA	EGYETEM
KÓRHÁZ	GYÁR

15 - Activités et Loisirs

```
B Ú V Á R K O D Á S W X H G F H
R Ö P L A B D A U T A Z Á S E D
Z X T P K T F X H Y L S Á Z S Ú
F T S B O S E M K R Y Á Y S T B
C Y U W S É L N O H P Z A K M A
H C D R Á D P F I K Y Á K O É S
A H F P R E X S C S D R L B N E
L Y B O L K O T P Z Z Ú T O Y B
Á I O K A Z P I H E N T E T Ő A
S I F E B S É Z Ö F R Ö Z S Z L
Z G S M D É D R R U T I S Y R L
A N V P A T C N I T A H É B S M
T H V I G R I X U B L R V Y Y O
W K O N P E C M C A B H Ű A B Z
M R O G L K H K F L F O M X U K
V E R S E N Y P F L O G H D D S
```

MŰVÉSZET	HOBBI
BASEBALL	FESTMÉNY
KOSÁRLABDA	HALÁSZAT
BOKSZ	BÚVÁRKODÁS
KEMPING	TÚRÁZÁS
VERSENY	PIHENTETŐ
FUTBALL	SZÖRFÖZÉS
GOLF	TENISZ
KERTÉSZKEDÉS	RÖPLABDA
ÚSZÁS	UTAZÁS

16 - Livres

```
K N G S O R O Z A T Z T T O G J
L U É Y N É G E R Y P E Ö U C Ó
T M S C Ű T A V P G Ő Z R E Z S
R K S T R J C G L R U S T K K A
É A Ő E X F T H Z C V É É O D V
F O T X I R N E U J M T N N N L
Á T T S X Z T A M X S L E T R O
S C E V E R S P R É J Ö L E E H
Y V K F B D Z I P R N K M X P K
T Ö R T É N E T R I Á Y I T I E
W B T U J A P R F O L T K U K D
S K H Y W L C A L A D L O S U K
J I T N U A A Z H V H A X R S A
Z U V S U K I G A R T E L I U L
T A L Á L É K O N Y M C B M C U
Y X M Ó Z O K T A N O V E D I V
```

SZERZŐ	OLVASÓ
KALAND	IRODALMI
GYŰJTEMÉNY	NARRÁTOR
KONTEXTUS	OLDAL
KETTŐSSÉG	IDE VONATKOZÓ
EPIKUS	VERS
TÖRTÉNET	KÖLTÉSZET
TÖRTÉNELMI	REGÉNY
TRÉFÁS	SOROZAT
TALÁLÉKONY	TRAGIKUS

17 - Pays #2

```
P X P Z T R E G N H H K X R O U
F A I Z É N O D N I M A E J U G
R Ó K I X E M L A O S Z I N W S
A W L I K Í N A D N A G U T Y Y
N D I C S I E N B Z W W L R I A
C Á B G Á Z S R O Z S O R O I I
I N A Á E K T N M I E S Z B X L
A I N Z Z O H Á B L Z L E G J Á
O A O S A B N P N Á P A J X A M
R I N R A L B Á N I A B L A G O
S R Á O N W R T J D N M R S J Z
Z Í D R O N G T J I P K W G U S
Á Z U Í U K R A J N A M O X Y X
G S Z D I X Y H T A O Z S C K U
M M S H E T D H F M S E R A A W
S L O V R B J A M A I C A P X Z
```

ALBÁNIA
KÍNA
DÁNIA
FRANCIAORSZÁG
HAITI
INDONÉZIA
ÍRORSZÁG
JAMAICA
JAPÁN
KENYA

LAOSZ
LIBANON
MEXIKÓ
UGANDA
PAKISZTÁN
OROSZORSZÁG
SZOMÁLIA
SZUDÁN
SZÍRIA
UKRAJNA

18 - Fournitures d'Art

```
M H A J K E R F J A L O R I G T
X C V R R V X T A S G Z S M E F
U M F C G B K D H K Y Y S J E C
G K E N Í Z S C Ó T Z S A G A R
F E S T Ő Á L L V Á N Y T G S F
H L Á Z E F Ö I U T U A N I V A
E L T S P E T R Y C Z C I F T S
N E I B D R L C A G Y F T S W Z
X R V R X W E E W D J A D E U É
P A I W K Z T R P M Í S Z É K N
A V T J J A E U C F F R Í N R R
P K A E O J K Z S R O G V P V L
Í A E K L Z R Á E C S E T E K K
R E R G L C I K Z H H G H F V V
F R K P J D A U Y G K A M E R A
P A S Z T E L L A T Z S A J S D
```

AKRIL
AKVARELLEK
AGYAG
ECSETEK
KAMERA
SZÉK
FASZÉN
FESTŐÁLLVÁNY
RAGASZTÓ
SZÍNEK

CERUZÁK
KREATIVITÁS
VÍZ
TINTA
RADÍR
OLAJ
ÖTLETEK
PAPÍR
PASZTELL
ASZTAL

19 - Eau

```
H B K V X H Z N E D V E S M L G
N U U P G U H T B Y L Z M Ő S E
E J L J H G U R T L C F S U Y J
D P O L S T A F H O P Y A F L Z
V I R W Á P N U Z S N O M G Z Í
E I H V G M R F O L Y Ó H É Y R
S I G A L W O Z U H A N Y J E T
S N B N O R T K H F O P T H N X
É N C K R N A A G G Ó A E U S N
G G A X Á H S É Z Ö T N Ö R E A
B C J P P L C T Ő J A D Z R U H
W X E R Á B I P G B H R X I X T
Ó C E Á N R Y R W O I T A K J Z
W D S C I R V C A C R P X Á P L
Z K Y O A E C Í D T C Z F N Z A
U L S L G F P H Z Ó N J R T M F
```

CSATORNA	ÖNTÖZÉS
ZUHANY	TÓ
PÁROLGÁS	MONSZUN
FOLYÓ	HÓ
FAGY	ÓCEÁN
GEJZÍR	HURRIKÁN
JÉG	ESŐ
NEDVES	IHATÓ
NEDVESSÉG	HULLÁMOK
ÁRVÍZ	GŐZ

20 - Jazz

```
Z E M S O G D K L I X P J L M T
E S X Z T Y X O O Z B D U A Ű G
N S E H K X O B E N J E H V V P
E Z Z H O R F O H L C N T T É I
K R X E F P D D L E S E P T S M
A A G R D R E O E T E Z R G Z P
R W H Ú J A F Ű M É R K Ó T H R
R I T M U S W I N T Í E Z L W O
R H Y E W K F R B E H D G T Ó V
S R O O N V L L K Z D V X D V I
U É C T P Z H G É S T E H E T Z
L G I P Ő Z R E Z S E N E Z M Á
Í I A Z U G P G E Ö N C D X U C
T E C H N I K A A K C E G A B I
S L O J G Z D Z W G G K P H L Ó
N P E N J R Z I V M D V R M A U
```

ALBUM	ZENE
MŰVÉSZ	ÚJ
HÍRES	ZENEKAR
DAL	RITMUS
ZENESZERZŐ	SZÓLÓ
ÖSSZETÉTEL	STÍLUS
KONCERT	TEHETSÉG
KEDVENCEK	DOBOK
MŰFAJ	TECHNIKA
IMPROVIZÁCIÓ	RÉGI

21 - Paysages

```
H R E G N E T G M E H G V S T D
O E V Y K H E K T A P F U T W Ó
I S G X U B X V N U U P L R F Y
P C X Y T B A R L A N G K A L L
E C E U E M L Í D R F Z Á N J O
A E Z T G O M Z L D D X N D S F
O L D V I D X J P N F V P A É P
X G R P Z U M E S U F Y S W S T
T M O C S Á R G V T S Z I G E T
V O F H L J É G H E G Y Z W Z I
J I R M É V Ö L G Y B H Á R Í I
X K C K F S I V A T A G O O V I
C D X L O I G F I K B N G K V L
D F L X A L X X K J E L O A E R
D D A I L N A E I L C O C G U S
T J Z D H V A T H Y R L L S H D
```

VÍZESÉS	TÓ
DOMB	MOCSÁR
SIVATAG	TENGER
TORKOLAT	HEGY
FOLYÓ	OÁZIS
GEJZÍR	FÉLSZIGET
GLECCSER	STRAND
BARLANG	TUNDRA
JÉGHEGY	VÖLGY
SZIGET	VULKÁN

22 - Pays #1

```
N N H R M L J C M J M P W G N V
P É P N I V Í C Z F J S E Á I E
A D M L M L P B U R R C G Z C N
F R S E G S X T I C N R D S A E
G A N Í T N E G R A Z O X R R Z
A K B N H O D D G I K D K O A U
N K R P S K R L V D F A D Z G E
I W A E Y R S S F N B U N S U L
S L Z U A V U N Z I K C Z A A A
Z P Í W I L U O K Á H E A L D O
T A L F N I C C G M G N E O G A
Á N I G Á Z S R O L O Y N A P S
N A A H M R F I N N O R S Z Á G
N M P N O A I G É V R O N E A W
M A G V R E M A R O K K Ó G Z J
J U K W C L I C M A L I S X W S
```

AFGANISZTÁN
NÉMETORSZÁG
ARGENTÍNA
BRAZÍLIA
KANADA
SPANYOLORSZÁG
ECUADOR
FINNORSZÁG
INDIA
IZRAEL

OLASZORSZÁG
LÍBIA
MALI
MAROKKÓ
NICARAGUA
NORVÉGIA
PANAMA
ROMÁNIA
VENEZUELA

23 - Nombres

```
K  I  L  E  N  C  C  T  B  I  S  L  H  R  D  T
V  X  I  E  Y  S  L  Ö  I  I  O  Z  Á  G  T  I
B  A  W  B  E  S  O  L  J  Z  Í  T  R  Z  S  Z
T  N  J  B  W  T  Y  Y  F  N  E  P  O  D  F  E
I  A  T  I  Z  E  N  N  É  G  Y  N  M  Y  V  N
Z  G  É  O  S  H  F  N  P  I  G  X  H  Y  Z  K
E  D  H  L  D  S  A  Ő  O  K  É  H  X  A  X  E
N  Z  U  S  H  V  Y  T  É  H  N  E  Z  I  T  T
K  T  C  C  K  Z  N  T  M  G  F  Z  G  W  Ö  T
I  B  Z  K  B  Y  R  E  S  N  P  I  C  I  N  Ő
L  Y  K  U  Z  L  N  K  T  K  N  L  K  B  E  F
E  D  J  P  R  P  U  J  I  N  N  B  P  D  Z  J
N  J  B  P  U  H  Ú  S  Z  F  U  H  W  K  I  X
C  L  O  Y  N  N  E  Z  I  T  L  P  S  D  T  H
T  I  Z  E  N  H  Á  R  O  M  L  J  Z  N  B  K
I  M  T  I  Z  E  D  E  S  X  A  I  D  U  J  W
```

ÖT	TIZENNÉGY
KETTŐ	NÉGY
TIZEDES	TIZENÖT
TÍZ	TIZENHAT
TIZENNYOLC	HÉT
TIZENKILENC	HAT
TIZENHÉT	TIZENHÁROM
TIZENKETTŐ	HÁROM
NYOLC	HÚSZ
KILENC	NULLA

24 - Psychologie

```
T A P A S Z T A L A T O K É G W
Ö F N B H R S R V V A A E S O Z
O T E T L S F X R A S F M Z N T
S É L E K É T R É L Z L L L D E
L D T E H D G O Y Ó M C E E O R
O M E B T G P H S S S L Z L L Á
F V L S Z E B L N Á T É R É A P
Ó R É L U R K G Y G J N É S T I
I G M I T T A L A T A D U T O A
C G Z G I A K I N I L K Y T K T
Á L S X J U V I S E L K E D É S
Z L E G É S I Y L É M E Z S K U
N A M É L B O R P F D I N P U Y
E L N O C W R V B V N R D B V O
Z R O K K E M R E Y G O T P E E
S B E F O L Y Á S O K Z K W K H
```

KLINIKAI	BEFOLYÁSOK
VISELKEDÉS	GONDOLATOK
KONFLIKTUS	ÉSZLELÉS
ÉN	SZEMÉLYISÉG
GYERMEKKOR	PROBLÉMA
TAPASZTALATOK	VALÓSÁG
ÉRZELMEK	ÁLMOK
ÉRTÉKELÉS	SZENZÁCIÓ
ÖTLETEK	TUDATALATTI
ESZMÉLETLEN	TERÁPIA

25 - Nature

```
U Ó D G É S P É Z S X W X N F L
D I N A M I K U S T E Y L K V É
A Z G T G L E C C S E R J T H T
V Ó L A O S F G D R Z I P X L F
O R O V F I K É D I V K R A S O
B E D I M I É J K D S E L V D N
T É Ö S O N D H Á X Y H S I F T
A R K Ő H L E F Y L P É G W G O
Z N Ó É C T N R R A L M B X M S
O G Y P S A E D D J C A C Y P S
B T L L U A M V S V K Z T M N Á
M X O E R S P I Ű F E Y V O K G
O M F B K S I E R D Ő B P F K Ú
L K K I C F S Z E N T É L Y S T
T G M D E A F X D K M U F U X E
X O R R R U C F P J J Y T P U C
```

MÉHEK	FOLYÓ
MENEDÉK	ERDŐ
ÁLLATOK	GLECCSER
SARKVIDÉKI	FELHŐK
SZÉPSÉG	BÉKÉS
KÖD	SZENTÉLY
SIVATAG	VAD
DINAMIKUS	DERŰS
ERÓZIÓ	TRÓPUSI
LOMBOZAT	LÉTFONTOSSÁGÚ

26 - Chimie

```
H N D H H S A V I Y Z B Y K T Z
Ő S U T Ő B F N O X I G É N F W
M D V B K R Ó L K J Y A Y A M Z
É W P M E O B M K É D A Y L O F
R W I G S T O O I D J R I M L É
S N R C H Á H I D R O G É N E M
É E U M I Z N E H K P L U O K E
K N J G O I G É J K H N N R U K
L V A L N L F R Z Ó F C Y T L E
E L T T R A S D Á S N T E K A X
T M O G R T R L G W O G A E V Z
I I M O H A E S S A G H L V O
R J I C A K M Y H P Z G Ú E S O
N U K L E Á R I S B M O Y L Ú S
J I J Z W D E D H U I P T Z U Z
R F C F D U N H V F O T K N T D
```

SAV
LÚGOS
ATOMI
SZÉN
KATALIZÁTOR
HŐ
KLÓR
ENZIM
ELEKTRON
GÁZ

HIDROGÉN
ION
FOLYADÉK
FÉMEK
MOLEKULA
NUKLEÁRIS
OXIGÉN
SÚLY
SÓ
HŐMÉRSÉKLET

27 - Bateaux

```
M  C  V  I  T  O  R  L  Á  S  A  F  V  I  B  T
B  O  V  P  O  P  R  I  G  P  X  G  D  G  G  E
R  B  T  M  R  I  W  S  T  K  A  J  A  K  C  N
I  R  S  O  B  J  B  X  F  R  J  A  Y  H  N  G
U  Á  L  K  R  F  B  R  Z  C  Ó  T  W  T  K  E
Y  W  N  C  N  H  P  Z  X  L  B  U  A  H  V  R
F  I  C  G  Á  T  C  A  C  F  N  T  G  V  J  I
T  E  N  G  E  R  É  S  Z  T  Ó  U  L  H  A  R
T  H  W  U  C  P  G  W  I  Y  S  L  E  K  C  N
Z  E  G  A  Ó  C  K  C  D  D  R  S  G  N  H  A
D  U  N  E  K  T  R  R  S  T  L  E  É  K  T  L
W  A  X  G  U  X  D  V  M  V  I  N  N  Ö  G  L
U  I  G  W  E  S  P  H  N  Z  V  F  Y  T  T  P
B  P  P  Á  B  R  Z  F  O  L  Y  Ó  S  É  N  N
K  O  M  Á  L  L  U  H  H  C  R  N  É  L  H  P
Z  D  T  S  J  Y  N  O  G  R  O  H  G  P  S  X
```

HORGONY	TENGERÉSZ
BÓJA	ÁRBOC
KENU	TENGER
KÖTÉL	MOTOR
LEGÉNYSÉG	TENGERI
KOMP	ÓCEÁN
FOLYÓ	TUTAJ
KAJAK	HULLÁMOK
TÓ	VITORLÁS
DAGÁLY	JACHT

28 - Mesures

```
G S O K P I N T P V M R O W W I
D R S T I Y H T N I B U A U W G
F E A W J L M É R Ő A B N F N N
O T S M J Ú O T V Y Z G N I X C
K I C Z M S V M M A R G O L I K
O L E G É S Y L É M X Z T J V Y
Z D N X Z L B X U T J Á B K M L
A C T B O W E W G O E J C A H E
T Z I D S I L S Á E A R M C S V
B J M P E R C X S H O S S Z M Ü
G Y É Y D W T U S É G T P I S H
R Z T M L S W H A M G W U B M S
R G E H G U A U G F E P J D Z X
H A R J U N C I A S M D U T P C
T I Z E D E S W M T Ö X W B E H
M I P F A A J G T K T F A I E F
```

CENTIMÉTER	TÖMEG
FOKOZAT	MÉRŐ
TIZEDES	PERC
GRAMM	BÁJT
MAGASSÁG	UNCIA
KILOGRAMM	PINT
KILOMÉTER	SÚLY
SZÉLESSÉG	HÜVELYK
LITER	MÉLYSÉG
HOSSZ	TONNA

29 - Adjectifs #2

```
W  Ó  P  U  A  X  D  S  F  O  R  R  S  Ó  S  J
T  E  R  M  É  S  Z  E  T  E  S  O  Z  I  N  J
K  P  U  Í  E  O  Y  G  C  K  E  T  Á  F  Á  B
W  R  N  V  E  M  G  É  E  Z  L  W  R  P  G  J
W  Y  E  L  T  L  O  S  J  S  E  P  A  T  E  R
X  P  R  A  H  Á  W  T  B  Ü  T  Z  Z  Y  L  G
W  M  C  R  T  K  U  E  L  B  I  S  K  P  E  O
P  L  S  E  R  Í  H  H  O  U  H  E  P  O  R  A
E  P  Ő  X  L  Z  V  E  T  D  L  G  L  P  Y  T
T  E  R  M  E  L  Ő  T  M  Z  Ú  É  E  F  O  W
T  K  E  Z  T  I  S  Z  T  A  J  S  V  E  D  P
H  G  H  D  R  Á  M  A  I  L  D  Z  Y  L  A  V
U  A  M  A  A  É  R  D  E  K  E  S  F  E  P  M
B  Z  L  A  Y  V  S  U  P  I  B  É  H  L  W  U
M  C  X  I  S  T  M  P  U  P  T  G  I  Ő  N  G
G  A  W  E  N  P  L  Y  C  F  C  E  Z  S  V  J
```

HITELES	TERMÉSZETES
HÍRES	ÚJ
KREATÍV	TERMELŐ
LEÍRÓ	TISZTA
TEHETSÉGES	FELELŐS
DRÁMAI	EGÉSZSÉGES
ELEGÁNS	SÓS
BÜSZKE	VAD
ERŐS	SZÁRAZ
ÉRDEKES	ÁLMOS

30 - Formes

```
P T H G U G X M P U O W A D X O
T R L Ö L V A Y C G R L V N D V
R É N M B W K O R A S H T R W Á
H S G B F B C N É G Y Z E T É L
W W M L A N O V K E R E K P L I
E B Y S A B K Í H D V F B R E S
D L G Z U L H M A O A R N C K H
X A L V W T A E B M N S B F K I
K D Y I K Ú P P N Y X I L R Ö P
F L P N P J V X N G K M Y N R E
I O J X M S E R A N E A D F V R
P R I Z M A Z S D D R R X E W B
M Z E H S F L I P O L I G O N O
M G D E H D W D S F I P H Y R L
H Á R O M S Z Ö G D L O E K D A
M H C I S K U N D J V B R E L O
```

ÍV	HIPERBOLA
ÉLEK	VONAL
NÉGYZET	OVÁLIS
KÖR	POLIGON
SAROK	PRIZMA
KÚP	PIRAMIS
OLDAL	TÉGLALAP
KOCKA	KEREK
HENGER	GÖMB
ELLIPSZIS	HÁROMSZÖG

31 - Force et Gravité

```
M E C H A N I K A Z Z X N V F V
F S H W C Y N A F W I S V N P M
B E S Ú L Y L E G N E T T F H F
O M L S E B E S S É G A U K Z R
L E M F H A T Á S Y A Y L Á P O
Y T M O E C Z S U K I M A N I D
G E Z Á Z D D R H Y D G J P U S
Ó Y D I G G E F E Z N Ő D I E A
K G N S Y N Á Z G Á S L O V Á T
F E N J X V E S É J X M N F L N
P S T J H J I S P S N R S I D O
D R N Y O M Á S E E V N Á Z W P
S Ú R L Ó D Á S I S H M G I P Z
O Z G M J H D J K E S P O K E Ö
S U A P N I B D J G J É K A A K
T E R J E S Z K E D É S G I I V
```

TENGELY

KÖZPONT

FELFEDEZÉS

TÁVOLSÁG

DINAMIKUS

TERJESZKEDÉS

SÚRLÓDÁS

HATÁS

MÁGNESESSÉG

MECHANIKA

MOZGÁS

PÁLYA

FIZIKA

BOLYGÓK

SÚLY

NYOMÁS

TULAJDONSÁGOK

IDŐ

EGYETEMES

SEBESSÉG

32 - Adjectifs #1

```
N A G Y L E L K Ű F U I G H D P
R J Z P H V É K O N Y S Z É P F
X O Y M D N A A R O M Á S M Ő O
O Z I C H F T M M J K I A O S N
Á R T A T L A N B Ű S R J D Z T
P M C L E H T W L I V Ó M E I O
K E V K Z G S S X E C É C R N S
A K T Í V A Z É H E N I S N T I
F V Ú S S A L O X B J H Ó Z E G
I O L S T G X A T L U N T Z I N
A N O T E S V Z N I P V F C U R
T Z Z M R E H O D D K V U D G S
A Ó S R Z F E N G O X U P I A N
L U B V P Y N O L X I K S G V Y
S S A F Y I A S N Z W I J J R N
Y B I T Ö K É L E T E S I O I V
```

ABSZOLÚT	ŐSZINTE
AKTÍV	AZONOS
AMBICIÓZUS	FONTOS
AROMÁS	ÁRTATLAN
MŰVÉSZI	FIATAL
VONZÓ	LASSÚ
SZÉP	NEHÉZ
EGZOTIKUS	VÉKONY
ÓRIÁSI	MODERN
NAGYLELKŰ	TÖKÉLETES

33 - Instruments de Musique

```
B  C  L  U  L  E  O  U  D  B  L  J  T  H  K  A
E  S  Y  F  H  L  E  Y  O  G  U  T  N  B  B  O
N  E  C  M  Z  X  T  H  B  L  Z  G  O  C  H  F
D  L  F  W  A  R  O  G  N  O  Z  Z  V  G  Y  W
Z  L  L  C  M  R  C  S  Ö  R  G  Ő  D  O  B  Z
S  Ó  N  T  É  N  I  R  A  L  K  B  Y  S  Z  H
Ó  S  H  O  F  Y  T  M  M  G  J  J  I  X  C  Á
S  Z  A  X  O  F  O  N  B  F  A  G  O  T  T  R
T  Y  L  N  I  L  O  D  N  A  M  G  A  G  W  F
R  D  O  N  O  S  D  B  O  W  F  O  N  N  Y  A
O  W  V  D  N  S  P  I  G  W  T  N  O  B  O  A
M  V  U  F  O  L  R  F  H  I  S  G  P  C  D  T
B  E  F  M  F  S  N  A  T  T  T  T  D  R  F  O
I  H  E  G  E  D  Ű  T  H  T  F  Á  V  G  X  Z
T  H  A  R  A  N  G  J  Á  T  É  K  R  T  Z  H
A  Y  P  R  S  K  H  A  R  M  O  N  I  K  A  M
```

BENDZSÓ	MANDOLIN
FAGOTT	MARIMBA
HARANGJÁTÉK	ZONGORA
KLARINÉT	SZAXOFON
FUVOLA	DOB
GONG	CSÖRGŐDOB
GITÁR	HARSONA
HARMONIKA	TROMBITA
HÁRFA	HEGEDŰ
OBOA	CSELLÓ

34 - Échecs

```
C  V  Í  Z  S  S  A  P  K  T  P  M  B  L  E  S
G  E  F  Y  G  I  H  U  I  M  E  K  K  W  W  Y
V  R  É  H  E  F  D  F  R  B  K  O  T  N  O  P
Á  S  S  K  K  E  P  Ő  Á  T  A  N  U  L  N  I
L  E  C  I  I  F  M  C  L  K  L  J  I  É  O  O
D  N  N  R  H  N  S  D  Y  O  Z  A  J  F  J  J
O  Y  A  Á  Í  V  I  K  P  Y  D  B  B  N  J  Y
Z  U  Z  L  V  E  S  A  J  L  Y  V  S  E  I  V
A  N  X  Y  Á  J  Ó  T  N  Á  D  Z  F  L  J  K
T  E  D  N  S  M  L  R  R  B  S  A  I  L  M  O
B  X  T  Ő  O  T  T  D  E  A  H  M  D  E  U  J
S  R  W  E  K  N  Á  A  V  Z  T  T  O  R  N  A
J  Á  T  É  K  O  S  O  H  S  Z  É  O  B  U  L
H  A  V  L  U  E  F  K  É  T  Á  J  G  R  S  C
E  P  A  G  M  I  F  O  G  K  G  M  I  I  F  B
H  Y  N  H  F  M  H  S  W  L  Z  B  N  G  A  Z
```

ELLENFÉL	FEKETE
TANULNI	PASSZÍV
FEHÉR	PONTOK
BAJNOK	KIRÁLYNŐ
VERSENY	SZABÁLYOK
KIHÍVÁSOK	KIRÁLY
ÁTLÓS	ÁLDOZAT
OKOS	STRATÉGIA
JÁTÉK	IDŐ
JÁTÉKOS	TORNA

35 - Herboristerie

```
L X K F I M R E I P W D B G D X
E C A O F A F L E G Y L U É P P
V L K K W H F Ő V E T E Z S S Ö
E V U H A G G N A D O J E Ő R B
N I K A V J N Y D E A V O N T A
D X K G Y I I Ö Z F Í F X I A Z
U T F Y U N R S T A Z C O M P S
L A Ű M F C A Á G T A A G W Y A
A T R A U D M E G R Á I M A K L
N N D O H P Z O O E V R W Y Z I
B E A U M Z O J C K F L K M X K
A M N H S Á R J X W L E B O Z O
K A O T Y U S S Á F R Á N Y N M
K O N Y H A I Y T H O C V X L Y
M A J O R Á N N A D V L N Y N O
W C L W P E T R E Z S E L Y E M
```

FOKHAGYMA	LEVENDULA
AROMÁS	MAJORÁNNA
BAZSALIKOM	MENTA
ELŐNYÖS	PETREZSELYEM
KONYHAI	MINŐSÉG
TÁRKONY	ROZMARING
VIRÁG	SÁFRÁNY
ÖSSZETEVŐ	ÍZ
KERT	KAKUKKFŰ

36 - Véhicules

```
B  S  N  R  Y  O  O  R  O  S  V  B  L  D  T  X
L  G  S  O  E  C  M  C  T  V  W  K  J  I  R  Z
K  J  A  T  U  T  K  A  U  V  O  Z  O  Z  A  R
O  A  T  O  A  K  P  R  G  J  T  N  M  N  K  E
M  K  É  M  U  E  N  O  I  M  A  K  A  A  T  P
P  F  K  O  T  R  O  B  K  I  T  S  N  T  O  Ü
X  S  A  I  Ó  É  G  O  I  I  X  A  T  C  R  L
J  U  R  L  V  K  R  G  M  S  L  B  V  Ó  A  Ő
D  Y  H  X  M  P  U  Ó  U  C  B  E  B  T  N  G
H  A  J  Ó  E  Á  F  C  G  O  V  V  H  U  G  É
H  X  G  U  T  R  P  N  E  K  K  S  J  A  S  P
J  N  M  N  R  Y  A  Z  B  Ó  B  F  P  Ő  R  Z
C  A  Z  W  Ó  Z  C  T  C  K  F  U  N  T  U  G
G  V  L  M  O  H  X  C  I  A  D  H  F  N  I  J
M  H  D  G  Y  U  K  P  D  L  P  P  L  E  A  K
J  F  D  W  I  F  U  I  U  R  V  S  R  M  U  N
```

MENTŐAUTÓ	MOTOR
REPÜLŐGÉP	GUMIK
HAJÓ	TUTAJ
BUSZ	ROBOGÓ
KAMION	TAXI
LAKÓKOCSI	TRAKTOR
KOMP	VONAT
RAKÉTA	FURGON
HELIKOPTER	KERÉKPÁR
METRÓ	AUTÓ

37 - Camping

```
S A K Y T V A S T I A U G H X H
R L R Y Ó A S D I R F H A V L Z
G V O D G D L O H Á E O F Y D G
C R V B F Á W E U N E K N S M T
N Z A T U S Ő Y C Y T G L É G W
F X R N F Z D G C T X P R L X D
E K V B H A R E G Ű T F I E B M
L O G A X T E K A Ü P P U R Y T
I T K A B I N N U B F É I E L L
G A Ű X K A L A N D G K E Z J Á
O L P Z S Á T O R S K R A S I M
Y L É T Ö K H E G Y S É N L C P
N Á U F X G C R Y J E T Z E A A
A S X M F N T Y I O U K D F L P
U U Y B J G K J L F Z M W A F N
E Y Y T E R M É S Z E T A N R R
```

ÁLLATOK	TŰZ
KALAND	ERDŐ
IRÁNYTŰ	FÜGGŐÁGY
KABIN	ROVAR
KENU	TÓ
TÉRKÉP	LÁMPA
KALAP	HOLD
VADÁSZAT	HEGY
KÖTÉL	TERMÉSZET
FELSZERELÉS	SÁTOR

38 - Écologie

```
F O R R Á S O K K N F H H X M H
K E S E T N É K N Ö A L I B E B
F T T Ú L É L É S V U D V H I Z
D E B F L W X L O É N X E Y N C
H Z N E C I I I U N A R F J I S
S L Z N W A I M R Y L Á Z S A S
E O M F T L P P O V F S T N K F
T N K L X A N I Y I A C E Ö Ö C
E R E F S T R Y L L J O R V Z I
Z G Y X É A Y T E Á T M M É Ö J
S N G T L L X I H G A C É N S T
É I E W N J E M Ő A C C S Y S W
M B H O X A N S L J T B Z Z É S
R O A J I H B B É P G Ó E E G Z
E N I R E G N E T G R K T T E O
T E M Y O É N Ö V É N Y E K K X
```

ÖNKÉNTESEK	TENGERI
ÉGHAJLAT	HEGYEK
KÖZÖSSÉGEK	TERMÉSZET
SOKFÉLESÉG	TERMÉSZETES
FENNTARTHATÓ	NÖVÉNYEK
FAJ	FORRÁSOK
FAUNA	ASZÁLY
NÖVÉNYVILÁG	TÚLÉLÉS
ÉLŐHELY	FAJTA
MOCSÁR	NÖVÉNYZET

39 - Géométrie

```
L F N T D W N S Á T Í M Á Z S L
B V Y E Y S E Y T E L É M L E B
M E E K Z S V L M N I I S F A D
H E G E Í V N Y É S V A C R E T
D C R A C K F I R Z G A R Z G K
F E L Ü L E T C Ő E S E P C Y Z
H Á R O M S Z Ö G G Ö Z S D E S
D I M E N Z I Ó P M X H Á R N Z
R K X T E C G S Z E R L Z M L I
T Ö M E G R Á Z Y N Á R A N E M
J F S I I N S S K S Á Z N R T M
V F A X B V S V N A K I G O L E
P Á R H U Z A M O S V T D M H T
K B F Ö T W G T F C K Z N E U R
J Z X A K I A Y M H D Z X J M I
D C L C R S M I N M Y V H C N A
```

SZÖG	MEDIÁN
SZÁMÍTÁS	SZÁM
KÖR	PÁRHUZAMOS
ÍV	ARÁNY
ÁTMÉRŐ	SZEGMENS
DIMENZIÓ	FELÜLET
EGYENLET	SZIMMETRIA
MAGASSÁG	ELMÉLET
LOGIKA	HÁROMSZÖG
TÖMEG	

40 - Les Médias

```
V X G P V R A P I W D O F F D K
K É Z G H Á P V J C I Y U O I E
V O L B H D T É N Y E K J T G R
E B M E J I O K T A T Á S Ó I E
N Z C M M Ó I P S U R Y U K T S
I Y F C U É H E L Y I I D Y Á K
L S I I N N Ú J S Á G O K L E
N J N L T T I Y Y R R M T E I D
O B É N V N V K Z Z H Y E P S E
A J Y Z I Á P P Á C H T L É Á L
B P G A Y V N H C W A E K D M
L L E L X L D O R E I Z V V A I
E I M E L L E Z S Z E Ó Í O I P
J M A T T I T Ű D Ö K L Z S K P
X V L B E D V P Y F X Á I S S H
C N R F U L Z J Y R M H Ó G B A
```

ATTITŰDÖK   SZELLEMI
KERESKEDELMI   ÚJSÁGOK
KOMMUNIKÁCIÓ   HELYI
ONLINE   DIGITÁLIS
KIADÁS   VÉLEMÉNY
OKTATÁS   FOTÓK
TÉNYEK   NYILVÁNOS
KÉPEK   RÁDIÓ
EGYÉNI   HÁLÓZAT
IPAR   TELEVÍZIÓ

41 - Philanthropie

```
J E N R T K K K O T R O P O S C
Ó M Y R Ö A O I Ö A H F L Z C U
T B I G R P L H H Z L O D S I R
É E L É T C É O W Í Ö A A V X K
K R V S É S C S U F V S P I P G
O E Á Ű N O V Z N G L Á S O G T
N K N K E L G Ü W Z B N S É K H
Y G O L L A L K K U I Y V O G X
S É S E E T E S K G E K S S K P
Á S E L M O H É G L O B Á L I S
G I K Y H K T G K Ü L D E T É S
P R O G R A M O K Y C C P S Y G
J E A A G Y E R M E K E K S F H
C B P N B X E I F J Ú S Á G O L
O M A P É N Z Ü G Y M K D K N I
E E Ő S Z I N T E S É G H S M P
```

SZÜKSÉG	NAGYLELKŰSÉG
CÉLOK	GLOBÁLIS
JÓTÉKONYSÁG	CSOPORTOK
KÖZÖSSÉG	TÖRTÉNELEM
KAPCSOLATOK	ŐSZINTESÉG
KIHÍVÁSOK	EMBERISÉG
GYERMEKEK	IFJÚSÁG
PÉNZÜGY	KÜLDETÉS
ALAPOK	PROGRAMOK
EMBEREK	NYILVÁNOS

42 - Diplomatie

```
B  J  N  I  K  K  Ö  Z  Ö  S  S  É  G  T  N  Y
I  Y  U  G  W  Ü  S  Z  E  R  Z  Ő  D  É  S  D
Z  K  S  A  E  V  L  A  W  S  E  X  P  E  N  L
T  Y  Á  Z  V  W  D  F  A  Á  K  T  D  I  D  H
O  C  T  S  J  X  U  T  Ö  D  P  S  I  J  F  U
N  Y  N  Á  M  R  O  K  L  L  Ó  Á  P  K  I  M
S  Y  O  G  J  B  X  S  G  O  D  T  O  O  A  A
Á  A  B  O  A  C  O  O  A  G  A  I  L  R  I  N
G  S  L  S  J  W  X  R  K  E  S  R  I  Á  C  I
O  P  E  S  A  E  I  D  K  M  C  G  T  G  Á  T
P  E  F  Á  Y  K  V  K  G  V  Á  E  I  L  M  Á
J  B  A  G  B  S  B  L  S  T  N  T  K  O  O  R
G  É  S  T  E  V  Ö  K  Y  G  A  N  A  P  L  I
N  A  G  Y  K  Ö  V  E  T  A  T  I  V  C  P  U
E  G  Y  Ü  T  T  M  Ű  K  Ö  D  É  S  E  I  S
J  S  K  O  N  F  L  I  K  T  U  S  M  T  D  W
```

NAGYKÖVETSÉG	KÜLFÖLDI
NAGYKÖVET	KORMÁNY
POLGÁROK	HUMANITÁRIUS
KÖZÖSSÉG	INTEGRITÁS
KONFLIKTUS	IGAZSÁGOSSÁG
TANÁCSADÓ	POLITIKA
EGYÜTTMŰKÖDÉS	FELBONTÁS
DIPLOMÁCIAI	BIZTONSÁG
VITA	MEGOLDÁS
ETIKA	SZERZŐDÉS

43 - Astronomie

```
J  A  X  É  A  S  Z  T  E  R  O  I  D  A  S  Y
I  O  H  R  G  K  O  Z  M  O  S  Z  S  J  U  I
F  O  G  Y  A  T  K  O  Z  Á  S  M  C  Z  G  H
C  S  I  L  L  A  G  Á  S  Z  Y  X  V  K  Á  Z
H  M  C  S  I  L  L  A  G  K  É  P  J  X  R  M
T  Á  V  C  S  Ő  R  K  W  S  O  N  F  D  Z  C
M  Ű  H  O  L  D  U  V  A  S  P  U  Y  X  Á  R
S  G  O  T  U  U  N  I  V  E  R  Z  U  M  S  A
M  M  E  T  E  O  R  Y  Ó  Z  M  W  H  C  Á  K
Y  C  M  B  W  F  W  G  N  C  L  Y  A  A  L  É
C  C  W  L  A  W  C  A  R  Y  U  H  M  E  L  T
B  O  L  Y  G  Ó  X  L  E  U  H  R  V  X  A  A
K  Ö  D  F  O  L  T  A  P  I  X  O  D  C  T  G
Z  T  L  C  G  S  A  X  U  U  L  S  L  E  Ö  D
S  R  Ö  G  P  C  E  I  Z  M  I  I  L  D  V  C
Y  G  F  U  V  P  U  S  S  Ó  J  A  H  R  Ű  L
```

ASZTEROIDA	METEOR
ŰRHAJÓS	KÖDFOLT
CSILLAGÁSZ	BOLYGÓ
ÉG	SUGÁRZÁS
CSILLAGKÉP	MŰHOLD
KOZMOSZ	SZUPERNÓVA
FOGYATKOZÁS	FÖLD
RAKÉTA	TÁVCSŐ
GALAXIS	UNIVERZUM
HOLD	ÁLLATÖV

44 - Physique

```
A  R  G  M  T  L  E  E  G  Y  E  T  E  M  E  S
U  É  C  R  T  Ö  U  S  X  Y  J  G  Y  O  H  Á
B  S  U  I  A  I  M  É  K  M  G  É  F  T  W  L
H  Z  K  O  I  V  S  E  T  U  T  S  R  A  U  U
O  E  É  P  C  A  I  W  G  B  Z  S  E  S  X  S
C  C  P  K  N  O  R  T  K  E  L  E  L  Ű  J  R
T  S  L  N  E  Á  K  Á  W  X  B  A  R  O  O
S  K  E  C  V  C  E  S  A  C  N  E  T  Ű  J  Y
K  E  T  K  K  W  L  U  F  A  I  S  I  S  O  G
G  Á  D  T  E  W  K  B  L  I  G  Ó  V  É  K  G
J  D  O  H  R  A  U  M  O  T  O  R  I  G  K  Á
F  N  V  S  F  J  N  W  J  W  D  G  T  I  H  Z
Y  Y  D  B  Z  F  H  E  V  P  P  S  Á  K  N  G
M  Z  R  K  U  B  L  W  T  F  W  F  S  Y  F  B
M  Á  G  N  E  S  E  S  S  É  G  O  A  R  C  M
M  E  C  H  A  N  I  K  A  L  U  K  E  L  O  M
```

GYORSULÁS   MÁGNESESSÉG
ATOM   TÖMEG
KÁOSZ   MECHANIKA
KÉMIAI   MOLEKULA
SŰRŰSÉG   MOTOR
ELEKTRON   NUKLEÁRIS
KÉPLET   RÉSZECSKE
FREKVENCIA   RELATIVITÁS
GÁZ   EGYETEMES
GRAVITÁCIÓ   SEBESSÉG

45 - Types de Cheveux

```
G  H  Y  P  R  K  M  N  P  U  Y  D  N  T  L  V
V  O  H  U  L  L  Á  M  O  S  N  D  R  B  Z  C
V  S  U  O  C  U  N  R  W  T  O  R  É  H  E  F
C  S  E  P  O  Y  J  J  J  F  K  Ö  T  Z  Y  Y
U  Z  S  A  P  O  K  U  B  L  É  D  H  C  Z  R
S  Ú  G  Y  M  T  N  M  I  R  V  N  D  E  C  Ö
X  E  U  N  P  M  J  D  S  R  P  Ö  Y  T  I  V
E  K  R  G  M  M  Y  W  U  X  S  G  H  E  T  I
S  Ő  U  O  O  M  O  G  P  Z  F  G  Y  K  S  D
E  Z  X  I  C  G  T  A  Z  Z  K  F  M  E  Ü  F
N  S  Á  K  K  B  Y  T  D  E  J  F  V  F  Z  Ü
Í  I  Z  R  E  G  É  S  Z  S  É  G  E  S  E  R
Z  Z  F  Ü  A  G  M  A  W  R  H  W  W  P  I  T
S  J  C  V  R  Z  Y  V  K  T  J  T  G  U  J  Ö
I  D  E  X  R  K  O  U  B  A  R  N  A  H  Z  K
F  O  N  O  T  T  E  C  J  L  J  D  F  A  L  E
```

EZÜST	GÖNDÖR
FEHÉR	SZÜRKE
SZŐKE	HOSSZÚ
FÜRTÖK	BARNA
FÉNYES	VÉKONY
KOPASZ	FEKETE
SZÍNES	HULLÁMOS
RÖVID	EGÉSZSÉGES
PUHA	SZÁRAZ
VASTAG	FONOTT

46 - Archéologie

```
K  V  Ő  T  R  É  K  A  Z  S  F  P  N  J  E  F
C  M  C  S  E  W  R  W  G  H  O  R  O  K  Ó  A
J  S  M  Y  R  M  U  R  F  V  S  O  O  A  E  Z
G  É  O  O  L  Y  P  W  O  B  S  F  W  Z  Y  E
H  Z  C  N  B  G  N  L  V  E  Z  E  A  S  T  K
B  M  I  E  T  J  E  F  O  C  I  S  L  R  T  A
G  E  V  L  C  O  E  J  T  M  L  S  X  O  O  S
E  L  I  T  Z  R  K  K  O  A  I  Z  I  K  Z  S
B  E  L  E  E  I  T  U  T  E  S  O  F  P  A  Á
F  R  I  R  W  Y  Y  P  W  U  I  R  H  S  M  G
J  L  Z  E  Y  L  K  E  R  E  M  F  H  G  R  I
I  R  Á  M  H  É  L  G  U  Y  P  O  Y  J  Á  S
N  R  C  S  K  T  K  U  T  A  T  Ó  K  J  Z  Í
T  H  I  I  O  J  É  R  T  É  K  E  L  É  S  R
N  A  Ó  T  T  E  T  J  E  L  E  F  L  E  E  J
Y  G  M  G  T  R  C  S  A  P  A  T  A  I  L  S
```

ELEMZÉS	ISMERETLEN
ÓKOR	REJTÉLY
KUTATÓ	OBJEKTUMOK
CIVILIZÁCIÓ	CSONTOK
LESZÁRMAZOTT	ELFELEJTETT
SZAKÉRTŐ	FAZEKASSÁG
KORSZAK	PROFESSZOR
CSAPAT	EREKLYE
ÉRTÉKELÉS	TEMPLOM
FOSSZILIS	SÍR

47 - Mammifères

```
F O C E S R H E H X D N O M Z P
L C B Y L Z E B R A O S T X S R
F I R B A E Y G K U D R M F I É
A G Z F N T F K N U J R T D R R
X M N L L Y F Á H S R E Z T Á I
G K R Y Á M Ú Ó N X J K M G F F
B U F M B E X L Á T N C E O V A
Y P I J F D U K L U A A T R N R
M N U D X E G T Z R Ó K A I Y K
O E C U F L X I S U T S K L M A
J W D E A F B G O G C C I L M S
X I L V P I X R R N G A B A A H
U R C M E N N I O E R M H U J L
X K X V U E B S A K R A F Y O H
J N K Y E O K U T Y A J B P M G
U V D A A B H L M G T Z L A M P
```

BÁLNA	NYÚL
MACSKA	OROSZLÁN
LÓ	FARKAS
KUTYA	JUH
PRÉRIFARKAS	MEDVE
DELFIN	RÓKA
ELEFÁNT	MAJOM
ZSIRÁF	BIKA
GORILLA	TIGRIS
KENGURU	ZEBRA

48 - Mathématiques

```
M  G  A  U  L  T  X  Y  S  P  U  V  R  K  K  D
E  E  I  X  Y  L  Y  D  Z  S  E  D  R  V  E  C
G  T  R  T  W  K  K  S  Á  K  R  S  E  K  R  I
Y  I  T  Ő  R  É  I  U  M  M  K  E  H  P  Ü  O
E  Z  E  R  L  D  N  G  O  O  E  D  L  L  A
N  E  M  É  P  E  O  Á  K  J  L  G  D  V  E  S
L  D  M  M  Á  R  G  R  S  R  C  T  N  M  T  Z
E  E  I  T  R  Ö  I  E  S  Z  Á  M  T  A  N  Ö
T  S  Z  Á  H  T  L  L  S  E  B  E  X  H  E  G
M  O  S  M  U  E  O  K  I  T  E  V  Ő  Z  U  E
G  Ö  M  B  Z  Z  P  Z  N  Ö  S  S  Z  E  G  K
N  U  M  T  A  Y  G  E  O  M  E  T  R  I  A  P
M  U  P  R  M  G  T  É  G  L  A  L  A  P  I  R
K  A  X  U  O  É  W  H  Á  R  O  M  S  Z  Ö  G
F  I  K  B  S  N  P  Z  Z  L  B  I  O  M  X  N
K  O  D  C  U  P  V  Z  H  F  I  S  H  P  H  D
```

SZÖGEK
SZÁMTAN
NÉGYZET
TIZEDES
ÁTMÉRŐ
KITEVŐ
EGYENLET
TÖREDÉK
GEOMETRIA
SZÁMOK

PÁRHUZAMOS
MERŐLEGES
KERÜLET
POLIGON
SUGÁR
TÉGLALAP
ÖSSZEG
GÖMB
SZIMMETRIA
HÁROMSZÖG

49 - Sport

```
X A K O C Y L C J O C V M T P C
G P R O G R A M S L É G S U R K
É Z K O C O G Á S O L Z L J T J
S N Z M U T B I B A N G O E Á U
S Á Y O E X X V O F F T A R P D
E A L W A T É L T A N S O Ő L J
P E S Á T R A T I K T E J K Á A
É D I Ő Z D E B B I T T P L L D
K L U J A I Z V O F O V A W K Z
E B J D N X L L K L C J M D O I
Ú K S D I É T A O T I A M V Z D
S O P Z S G E X M N T K S I Á K
Z R O H Z E K I Z I W J U T S Y
N V R J E E G K I S X P A S H A
I L T E G É S Z S É G A T Á N C
K E R É K P Á R O Z Á S M G D I
```

ATLÉTA	MAXIMALIZÁLÁS
KÉPESSÉG	METABOLIKUS
TEST	IZMOK
KERÉKPÁROZÁS	ÚSZNI
TÁNC	TÁPLÁLKOZÁS
DIÉTA	CÉL
KITARTÁS	CSONTOK
EDZŐ	PROGRAM
ERŐ	EGÉSZSÉG
KOCOGÁS	SPORT

50 - Mythologie

```
T  E  R  E  M  T  M  É  N  Y  P  T  O  I  A  N
L  M  L  V  I  S  E  L  K  E  D  É  S  Y  R  F
P  X  Á  K  A  T  A  S  Z  T  R  Ó  F  A  C  É
E  F  T  G  T  E  R  E  M  T  É  S  X  N  H  L
R  V  Z  B  I  D  J  C  G  F  I  G  Y  Y  E  T
Ő  B  I  P  A  K  E  M  L  E  D  E  I  H  T  É
U  E  L  D  A  H  U  E  H  S  Ő  H  S  U  Í  K
X  L  B  Y  B  F  B  S  A  U  Z  H  V  Z  P  E
V  I  L  L  Á  M  A  D  L  T  G  Ö  W  V  U  N
K  H  Ő  S  N  Ő  W  A  A  N  H  I  R  Y  S  Y
X  U  F  S  F  F  T  D  N  I  M  K  L  N  A  S
A  Z  L  U  O  X  R  L  D  R  C  R  P  H  Y  É
J  F  F  T  O  H  V  C  Ó  I  D  W  W  L  E  G
X  E  I  X  Ú  Z  S  S  O  B  H  A  R  C  O  S
M  B  E  R  R  R  R  T  W  A  D  N  E  G  E  L
Y  P  Y  N  A  F  A  E  X  L  B  M  N  P  T  K
```

ARCHETÍPUS	HŐSNŐ
KATASZTRÓFA	HŐS
VISELKEDÉS	FÉLTÉKENYSÉG
TEREMTÉS	LABIRINTUS
TEREMTMÉNY	LEGENDA
HIEDELMEK	MÁGIKUS
KULTÚRA	SZÖRNY
VILLÁM	HALANDÓ
ERŐ	BOSSZÚ
HARCOS	

51 - Restaurant #2

```
E  B  É  D  H  X  K  F  R  E  B  X  V  A  N  N
Z  G  E  B  R  E  Y  R  U  L  U  P  V  X  L  X
O  I  J  V  H  K  É  Z  S  V  C  B  X  S  E  G
A  F  V  T  K  E  R  E  Z  S  Ű  F  S  Ó  V  Y
A  I  T  A  P  G  R  P  C  C  U  E  D  E  E  Ü
F  N  É  T  C  É  I  K  I  G  U  H  M  X  S  M
T  O  S  Á  O  S  O  A  K  N  V  Z  I  I  C  Ö
V  M  Z  L  W  D  O  A  K  Z  C  W  E  J  E  L
I  E  T  A  M  L  R  R  E  N  G  É  J  F  U  C
W  Z  A  S  D  Ö  O  A  A  Y  U  U  R  A  D  S
A  P  G  X  N  Z  K  M  L  W  H  D  C  J  F  K
S  N  Z  U  F  Í  J  G  L  L  A  T  R  O  T  G
S  N  Z  F  L  V  B  H  I  D  L  Á  N  A  K  H
S  T  T  O  J  Á  S  N  V  Z  G  A  O  A  U  N
V  E  I  G  Y  V  P  A  Z  X  M  T  T  Y  Y  V
Y  V  V  P  G  A  A  P  T  W  R  F  W  I  J  F
```

ITAL	TORTA
SZÉK	JÉG
KANÁL	ZÖLDSÉGEK
EBÉD	TÉSZTA
FINOM	TOJÁS
VACSORA	HAL
VÍZ	SALÁTA
FŰSZEREK	SÓ
VILLA	PINCÉR
GYÜMÖLCS	LEVES

52 - Avions

```
É  M  W  Y  A  D  N  I  D  Y  Ő  K  P  B  L  T
P  P  O  B  G  É  S  Y  N  É  G  E  L  A  E  Ö
F  T  Í  T  J  G  Z  C  A  B  E  R  J  L  S  R
J  I  J  T  O  Y  Á  N  B  I  V  E  R  L  Z  T
R  U  L  U  É  R  R  X  R  U  E  L  I  O  Á  É
G  F  V  U  K  S  M  Z  H  Z  L  L  A  N  L  N
N  Y  H  S  R  G  A  Y  N  A  M  E  Z  Ü  L  E
I  R  Á  N  Y  É  Z  P  Y  H  U  P  O  A  Á  L
G  W  G  X  O  W  Á  M  G  J  A  O  U  I  S  E
K  S  D  T  O  P  S  U  C  K  B  R  N  O  A  M
A  I  C  N  E  L  U  B  R  U  T  P  T  H  T  D
N  W  Z  R  A  S  T  J  P  K  G  Z  N  K  U  K
Y  M  J  Ú  F  L  E  F  B  T  G  B  A  T  I  L
P  I  L  Ó  T  A  A  M  A  G  A  S  S  Á  G  B
J  M  H  J  L  É  G  K  Ö  R  V  S  G  M  W  B
H  I  D  R  O  G  É  N  M  D  S  Y  F  J  O  V
```

LEVEGŐ	LEGÉNYSÉG
LÉGKÖR	FELFÚJ
LESZÁLLÁS	MAGASSÁG
KALAND	PROPELLEREK
BALLON	TÖRTÉNELEM
ÜZEMANYAG	HIDROGÉN
ÉG	MOTOR
ÉPÍTÉS	UTAS
SZÁRMAZÁS	PILÓTA
IRÁNY	TURBULENCIA

53 - Aventure

```
B  I  Z  T  O  N  S  Á  G  Y  B  P  S  I  I  W
N  A  V  I  G  Á  C  I  Ó  G  Á  W  Z  P  C  I
L  E  H  E  T  Ő  S  É  G  X  T  X  O  G  P  G
K  I  H  Í  V  Á  S  O  K  T  O  U  K  B  K  N
O  L  U  S  M  Ú  E  Y  B  G  R  M  A  X  I  J
S  Z  B  V  E  X  T  J  S  É  S  O  T  F  R  Z
Á  S  M  Y  G  C  D  V  F  S  Á  E  L  L  Á  N
Z  Z  E  N  L  S  E  G  O  Y  G  S  A  E  N  E
A  I  P  R  E  T  M  W  M  N  Y  E  N  L  D  H
T  G  É  S  P  É  Z  S  H  E  A  Y  L  K  U  É
U  P  S  F  Ő  O  G  W  S  K  Ú  L  T  E  L  Z
T  E  R  M  É  S  Z  E  T  É  J  É  H  S  Á  S
R  R  H  R  Ö  X  V  V  I  V  T  Z  J  E  S  É
D  N  L  L  Y  R  P  O  A  E  L  S  U  D  D  G
E  S  É  L  Y  A  Ö  M  H  T  L  E  F  É  G  X
E  L  Ő  K  É  S  Z  Í  T  É  S  V  V  S  O  Z
```

TEVÉKENYSÉG	ÚTVONAL
SZÉPSÉG	ÖRÖM
BÁTORSÁG	TERMÉSZET
ESÉLY	NAVIGÁCIÓ
VESZÉLYES	ÚJ
KIHÍVÁSOK	LEHETŐSÉG
NEHÉZSÉG	ELŐKÉSZÍTÉS
LELKESEDÉS	BIZTONSÁG
KIRÁNDULÁS	MEGLEPŐ
SZOKATLAN	UTAZÁSOK

54 - Ville

```
G Y Ó G Y S Z E R T Á R S H H R
G N A A X H G G B S G K Z R H E
K N A B W G T J U P I C Í O D P
K Ö E A D O L L Á Z S T N D D Ü
S Ö N C P É K S É G K E H G D L
Á V N Y M R K I V K O K Á A R Ő
L Z O Y V R N Z W I L R Z L K T
L G I I V E K O A M A A F É L É
A I D É H T S M C I L M S R I R
T Y A T E C Á B Ú P I R O I N K
K M T T O A J R O Z X E C A I P
E B S E T M R Z O L E P Z A K U
R S U R Á G Á R I V T U X S A M
T H C E E G Y E T E M Z M R U B
X N L M L N U E C E V S O E L J
D J Y L G Z W V B F K M S D S D
```

REPÜLŐTÉR	KÖNYVESBOLT
BANK	PIAC
KÖNYVTÁR	MÚZEUM
PÉKSÉG	GYÓGYSZERTÁR
MOZI	ÉTTEREM
KLINIKA	STADION
ISKOLA	SZUPERMARKET
VIRÁGÁRUS	SZÍNHÁZ
GALÉRIA	EGYETEM
SZÁLLODA	ÁLLATKERT

55 - Ingénierie

```
É  I  K  S  S  Z  E  R  K  E  Z  E  T  M  C  Á
F  P  A  D  P  S  X  U  I  W  O  W  O  H  E  T
D  O  Í  M  É  R  É  S  Á  T  Í  M  Á  Z  S  M
I  T  G  T  G  I  D  U  F  D  T  M  M  O  I  É
A  E  Ö  A  É  D  D  M  B  P  P  I  A  T  Z  R
G  N  Z  T  S  S  Á  T  I  L  I  B  A  T  S  Ő
R  G  S  F  Y  K  G  Y  H  T  D  B  N  B  C  R
A  E  T  B  L  F  E  V  A  A  Í  Z  W  L  K  U
M  L  W  B  É  V  O  R  W  R  Z  C  V  E  C  G
R  Y  O  V  M  T  Z  R  E  A  E  L  S  D  Y  K
E  N  E  R  G  I  A  O  G  K  L  Z  N  X  D  W
Y  G  F  B  R  F  U  T  H  Á  E  E  R  Ő  E  T
N  S  K  I  O  K  Y  O  G  T  S  K  S  J  V  X
T  F  J  F  X  D  I  M  E  L  O  S  Z  L  Á  S
L  K  N  A  P  D  M  E  G  H  A  J  T  Á  S  Y
F  O  L  Y  A  D  É  K  O  F  H  F  R  X  A  G
```

SZÖG	ERŐ
TENGELY	FOLYADÉK
SZÁMÍTÁS	GÉP
ÉPÍTÉS	MÉRÉS
DIAGRAM	MOTOR
ÁTMÉRŐ	MÉLYSÉG
DÍZEL	MEGHAJTÁS
ELOSZLÁS	FORGÁS
FOGASKEREKEK	STABILITÁS
ENERGIA	SZERKEZET

56 - Énergie

```
U  M  K  F  X  H  M  O  T  O  B  O  D  L  E  I
M  H  D  O  D  H  I  O  Y  X  J  D  U  T  L  G
Z  H  O  T  R  X  I  D  T  O  U  R  O  B  E  X
S  S  B  O  X  K  S  Y  R  O  U  F  P  L  K  J
L  O  E  N  E  O  I  E  H  O  R  A  P  I  T  S
O  M  N  É  Z  S  U  F  T  T  G  M  B  P  R  É
K  O  Z  G  S  U  G  T  U  D  W  É  C  B  O  Z
B  R  I  D  Í  Z  E  L  R  A  J  V  N  L  N  E
R  T  N  F  T  H  H  L  B  F  X  L  J  A  P  Y
V  K  K  Z  U  D  Ő  H  I  I  S  Z  É  L  Z  N
M  E  G  Ú  J  U  L  Ó  N  W  W  X  T  C  P  N
U  L  O  V  N  S  X  U  A  I  P  Ó  R  T  N  E
P  E  Z  G  A  Y  N  A  M  E  Z  Ü  E  R  W  Z
T  J  N  Z  P  K  Ö  R  N  Y  E  Z  E  T  N  S
H  Z  P  X  U  H  R  N  U  K  L  E  Á  R  I  S
A  K  K  U  M  U  L  Á  T  O  R  L  T  N  V  K
```

AKKUMULÁTOR	HIDROGÉN
SZÉN	IPAR
ÜZEMANYAG	MOTOR
HŐ	NUKLEÁRIS
DÍZEL	FOTON
ENTRÓPIA	SZENNYEZÉS
KÖRNYEZET	MEGÚJULÓ
BENZIN	NAP
ELEKTROMOS	TURBINA
ELEKTRON	SZÉL

57 - Corps Humain

```
B O C K U K P U J J H X D I V F
E V C É V A B D V K A J Y Z Á E
T V S Z J C Z D I C J L N A L W
G Y O M O R V H P W C V B B L K
L G V W F A V E H K A T F V Ü S
B O K A P Y S L R R I U U A F T
B J A R V D A V K K J Y F J S I
X H G C Í U G V É R Ö Z E K C Z
L R Y K Z W M T O R M N I A O M
F Á P O S O I V K O B N Y K P H
G E L V Z T P M T L Ő S B Ö A I
H L J L Á O K U É M R P Y Z K J
N Y A K J J V O R D D J P B L K
L Z A R O J Y W D Z G K R O L Z
C V J J N A P P N Z R R A Z Á M
Y L X B V K U V N W R L P B U I
```

SZÁJ	AJKAK
AGY	KÉZ
BOKA	ÁLLKAPOCS
NYAK	ÁLL
KÖNYÖK	ORR
SZÍV	FÜL
UJJ	BŐR
GYOMOR	VÉR
VÁLL	FEJ
TÉRD	ARC

58 - Biologie

```
K R O M O S Z Ó M A N G Z D J H
M F N É G A L L O K G E D I L Ü
U O T Z J O N W J B L J U L C L
T T E L G L R A F R U P E R F L
Á O R V G D O A T X V C S Y O Ő
C S M J X A T D L Ó S K L D V N
I Z É F E H É R J E M M J X X L
Ó I S Y E V O H I I N I O B Z S
U N Z T R O Z O V R R Z A U O D
H T E J N N M O J G O N I M F E
G É T U W W Ó I R B M E B B A N
J Z E R Z O Z S J X T T S E J T
Y I S A E S I Z Ó I B M I Z S X
R S I I I Y S Ő L M E L R I V K
U E X B A K T É R I U M O K N B
H O R M O N E V O L Ú C I Ó O V
```

ANATÓMIA	MUTÁCIÓ
BAKTÉRIUMOK	TERMÉSZETES
SEJT	IDEG
KROMOSZÓMA	NEURON
KOLLAGÉN	OZMÓZIS
EMBRIÓ	FOTOSZINTÉZIS
ENZIM	FEHÉRJE
EVOLÚCIÓ	HÜLLŐ
HORMON	SZIMBIÓZIS
EMLŐS	

59 - Épices

```
C  G  Y  Ö  M  B  É  R  Í  B  U  L  K  K  P  W
J  U  S  A  V  A  N  Y  Ú  Z  B  I  Ö  E  E  J
D  M  R  R  J  V  W  U  X  M  K  P  M  S  E  Y
W  R  O  R  E  F  P  A  E  G  S  M  É  E  A  O
I  M  B  É  Y  D  O  O  I  C  J  O  N  R  J  O
A  E  G  K  O  J  N  A  B  M  T  M  Y  Ű  L  Y
S  V  J  Ö  H  É  H  A  G  Y  M  A  U  N  Z  C
V  N  D  Y  K  D  B  Y  I  T  U  D  M  M  Y  F
A  A  P  G  L  E  R  L  Z  R  K  R  L  O  N  A
N  U  L  S  J  S  Z  I  N  Á  O  A  G  H  S  H
Í  A  S  E  A  K  I  R  P  A  P  K  M  L  K  É
L  B  Ó  D  Y  Ö  E  K  S  Á  F  R  Á  N  Y  J
I  Z  W  É  P  M  S  V  O  B  K  R  V  A  G  C
A  D  R  K  R  É  Y  R  P  L  A  E  F  N  X  A
Z  J  Ó  I  D  N  E  S  C  E  R  E  Z  S  Y  I
S  M  Z  U  L  Y  F  O  K  H  A  G  Y  M  A  N
```

SAVANYÚ	GYÖMBÉR
FOKHAGYMA	SZERECSENDIÓ
KESERŰ	HAGYMA
ÁNIZS	PAPRIKA
FAHÉJ	BORS
KARDAMOM	ÉDESGYÖKÉR
KORIANDER	SÁFRÁNY
KÖMÉNY	ÍZ
CURRY	SÓ
ÉDESKÖMÉNY	VANÍLIA

60 - Agronomie

```
O  G  C  K  Y  D  A  Y  G  Á  R  T  A  E  R  U
V  X  Y  M  Y  S  T  Z  O  Z  V  N  B  N  M  Y
B  C  J  R  É  L  W  A  O  C  R  I  T  E  C  L
L  I  J  Z  Z  L  S  H  N  Z  C  L  R  T  O
K  V  U  K  E  D  E  K  R  U  O  H  J  G  A  A
E  V  I  D  É  K  I  L  T  R  L  S  O  I  V  K
G  Z  U  R  J  X  L  Ó  M  L  C  M  Í  A  F  E
É  E  W  C  X  Y  B  I  S  I  L  K  Á  T  Z  G
S  Z  E  N  N  Y  E  Z  É  S  S  X  M  N  Á  É
D  Í  O  B  A  J  S  Ó  D  M  Á  Z  Z  X  Y  S
L  V  W  K  U  L  V  R  E  A  T  D  E  K  E  G
Ö  L  V  W  E  V  I  E  K  G  A  G  G  R  T  E
Z  D  C  A  I  F  F  M  E  O  T  R  A  P  P  T
T  E  R  M  E  L  É  S  V  K  U  J  P  D  I  E
P  A  I  G  Ó  L  O  K  Ö  J  K  J  R  X  P  B
U  B  B  K  N  Z  N  Y  N  Á  M  O  D  U  T  A
```

NÖVEKEDÉS   ZÖLDSÉGEK
VÍZ   BETEGSÉGEK
TRÁGYA   ÉLELMISZER
ÖKOLÓGIA   SZENNYEZÉS
ENERGIA   TERMELÉS
ERÓZIÓ   KUTATÁS
TANULMÁNY   VIDÉKI
MAGOK   TUDOMÁNY
AZONOSÍTÁS

61 - Science

```
J E V R F F Z P F T V B H N C M
H J P H T I C J O M U U D B K T
G I G S É Z G D S U V D D W N X
G T P B N I A U S J K H Ó M I L
Z L T O Y K R E Z S D Ó M S B M
A D A T T A Y Z I Z L I F U E E
N C Ó S E É K Á L U K E L O M G
G U I Z I H Z K I O E H O Y I F
N H C Y B C L I S O H G W L Z I
A Y Ú M D K É K S C E Z S É R G
V T L É G H A J L A T I X H U Y
L H O G R A V I T Á C I Ó B J E
B T V M U I R Ó T A R O B A L L
T I E T E R M É S Z E T X X N É
K Í S É R L E T K É M I A I R S
N Ö V É N Y E K M V R B L V R Z
```

ATOM
KÉMIAI
ÉGHAJLAT
ADAT
KÍSÉRLET
EVOLÚCIÓ
TÉNY
FOSSZILIS
GRAVITÁCIÓ
HIPOTÉZIS

LABORATÓRIUM
MÓDSZER
MOLEKULÁK
TERMÉSZET
MEGFIGYELÉS
RÉSZECSKÉK
FIZIKA
NÖVÉNYEK
TUDÓS

62 - Vêtements

```
X  L  Ő  T  Ö  K  R  A  K  Y  S  C  Z  P  O  T
K  Ö  T  É  N  Y  E  M  G  H  K  Á  W  U  G  J
B  O  W  H  J  H  M  S  W  Z  S  J  L  L  C  C
D  I  V  A  T  L  R  H  Z  X  W  G  F  Ó  I  I
O  O  Ö  Y  C  G  A  C  I  T  J  X  I  V  P  C
V  E  H  N  G  T  F  N  W  Y  Y  T  I  E  Ő  T
J  S  N  K  P  I  P  Á  Z  W  U  Ű  V  R  E  P
I  N  G  O  W  O  J  L  Y  C  V  A  M  G  L  S
G  T  F  Z  R  L  P  K  C  L  I  X  C  G  K  Z
N  Z  M  S  N  X  U  A  A  M  A  S  Z  I  P  A
J  E  G  Z  O  V  F  Y  H  B  G  C  D  I  A  N
K  A  E  O  T  W  N  N  U  Z  Á  X  O  K  L  D
D  Z  S  E  K  I  I  Y  R  J  R  T  V  D  A  Á
J  H  Z  J  S  X  C  R  C  H  D  W  A  K  K  L
P  D  D  D  S  G  R  A  C  V  A  B  L  Ú  Z  N
P  B  Y  Y  O  S  B  C  I  X  N  I  S  E  V  N
```

KARKÖTŐ	SZOKNYA
ÖV	KABÁT
KALAP	DIVAT
CIPŐ	NADRÁG
ING	PULÓVER
BLÚZ	PIZSAMA
NYAKLÁNC	RUHA
SÁL	SZANDÁL
KESZTYŰ	KÖTÉNY
FARMER	DZSEKI

63 - Arts Visuels

```
G R L Y X F Ö F T D O H N K M O
A G Y A G É A S S E W Y M B K R
T N X K T P V Z S L X N X Z F W
J A J R F Í Í F E Z X É B C J J
X L L B K T T U L K E M P Z L Y
K L B E B É K S G K A T É R K N
R O B O Z S E O V A U S É N E Á
E T B N D Z P Y R L B E S T E V
A D Y M L E S V P É T F C Á E L
T O G Ű I T R K E R Á M I A G L
I S G V C G E U O T G C W N N Á
V L J É N E P Ű M R E T S E M Ő
I I N S E K R D E O H Z U A K T
T I P Z T M F U F P F I L M K S
Á I G D S A E W Z V I A S Z T E
S R D T I D S N H A E D V L H F
```

ÉPÍTÉSZET	KREATIVITÁS
AGYAG	FILM
MŰVÉSZ	FESTMÉNY
KERÁMIA	PERSPEKTÍVA
MESTERMŰ	STENCIL
FESTŐÁLLVÁNY	PORTRÉ
VIASZ	FAZEKASSÁG
ÖSSZETÉTEL	SZOBOR
KRÉTA	TOLL
CERUZA	LAKK

64 - Méditation

```
Y M Z K M M P D U B M N X É C O
L Y Z O Z F R Y T S É F S R W U
H É M E N T Á L I S V K O Z N F
P Á G Á S S O G Á L I V E E D T
O O L Z F I G Y E L E M S L A E
D O B A É W T C S E N D D M V L
R P N X N S D O J P T F O E Í F
S Z O K Á S O K B Y Y E J K T O
F P I S T J G É S S E V D E K G
M O Z G Á S U A D N Z W A G E A
É B R E N W Y D T R I C F L P D
M B N I M E N E Z N W L W B S Á
M E G F I G Y E L É S Z L C R S
U T E R M É S Z E T P P J O E O
U E G Y Ü T T É R Z É S P D P H
T E S T T A R T Á S O N V E E J
```

ELFOGADÁS

FIGYELEM

NYUGODT

VILÁGOSSÁG

EGYÜTTÉRZÉS

ÉRZELMEK

ÉBREN

KEDVESSÉG

HÁLA

SZOKÁSOK

MENTÁLIS

MOZGÁS

ZENE

TERMÉSZET

MEGFIGYELÉS

BÉKE

PERSPEKTÍVA

TESTTARTÁS

LÉGZÉS

CSEND

65 - Littérature

```
E  V  V  D  U  M  S  D  H  S  I  E  B  U  N  Z
Y  A  A  T  O  D  K  E  N  A  K  Ö  L  T  Ő  I
Z  X  I  R  Í  M  E  A  L  N  R  L  H  U  A  D
V  F  G  M  A  B  L  S  V  B  D  G  U  Z  D  O
E  V  Ó  S  É  T  E  T  Z  E  K  T  E  V  Ö  K
S  U  L  Í  T  S  M  T  É  M  A  M  N  A  S  W
R  J  A  P  P  Ő  Z  T  R  T  U  P  U  I  H  K
E  S  N  É  Á  Z  É  R  E  G  É  N  Y  D  I  D
V  N  A  W  L  R  S  Á  R  Í  E  L  A  É  P  E
É  C  A  T  L  E  B  E  J  I  Y  L  P  G  J  X
L  K  P  R  G  Z  T  E  I  H  A  V  Ó  A  O  F
E  U  R  U  R  S  U  R  S  U  M  T  I  R  Y  Y
M  L  T  R  D  Á  D  Y  A  Z  L  E  C  T  O  N
É  A  R  O  F  A  T  E  M  J  É  H  K  X  W  X
N  B  D  H  N  I  O  O  S  B  Z  D  I  B  D  S
Y  U  D  Z  K  V  V  D  R  F  A  D  F  N  Y  C
```

ANALÓGIA	NARRÁTOR
ELEMZÉS	VÉLEMÉNY
ANEKDOTA	VERS
SZERZŐ	KÖLTŐI
ÉLETRAJZ	RÍM
KÖVETKEZTETÉS	REGÉNY
LEÍRÁS	RITMUS
PÁRBESZÉD	STÍLUS
FIKCIÓ	TÉMA
METAFORA	TRAGÉDIA

66 - Nourriture #1

```
K Z C Y S V F H S U X M Y C Z B
Y D F J Á U H L A P X G S I U A
F C D O R C Y N V G S V X T C Z
F C K B G Y L E V X Y I C R E S
A T Á L A S F A H É J M Y O I A
E K C K R E P M H L F G A M L L
M Z V Z É V G E O N K K S K B I
G F G R P E F K N U O N G A S K
A Z G A A L E H X Ó S T T E J O
F O K H A G Y M A X T E I T E M
F E H É R R É P A Á S P C R N Y
H Ú S C O J O P B R G E U Ö G X
P K Y B V S N D J P W R K K N V
T Z S D L A N G J A D T O L E U
K G Y Ü M Ö L C S L É R R K D A
N W C K N G S Z J D K Á V É L P
```

FOKHAGYMA	FEHÉRRÉPA
BAZSALIKOM	HAGYMA
KÁVÉ	ÁRPA
FAHÉJ	KÖRTE
SÁRGARÉPA	SALÁTA
CITROM	SÓ
SPENÓT	LEVES
EPER	CUKOR
GYÜMÖLCSLÉ	TONHAL
TEJ	HÚS

67 - Jours et Mois

```
C M V M C E Á D H H J G F X Z C
Y A E U I E P J V C Ú I E L X I
I C A T N D R D A J N G P K O H
E E N W G D I E X N I B U X H A
P M A O J E L O B S U U K P J N
E D F H D K I O K M S E Z N A L
J A O L É Ö S I L T E T P I N D
Ú U P Ő F T É H J O Ó T H Z U H
L G É U A R Á T P A N B P D Á I
I U N T X Ö H K Y H S F E E R T
U S T I V T A B M O Z S R Z N
S Z E K S Ü J V A S Á R N A P S
S T K F F S F E B R U Á R X A J
R U M S A C Y R E B M E V O N I
O S M Á R C I U S L I U P W Ó G
E C Z Z Z T N S Z E R D A B H T
```

AUGUSZTUS	KEDD
ÁPRILIS	MÁRCIUS
NAPTÁR	SZERDA
VASÁRNAP	HÓNAP
FEBRUÁR	NOVEMBER
JANUÁR	OKTÓBER
CSÜTÖRTÖK	SZOMBAT
JÚLIUS	HÉT
JÚNIUS	SZEPTEMBER
HÉTFŐ	PÉNTEK

68 - Jardinage

```
E G Z O T I K U S M A G O K B T
Y V Z Í Z Z O N K Z W G M Z O Ö
E M E S V A Z W Y Z M T B H T M
D T V K O A S P L M T E F L A L
B Ő G L P C I W J L N I A F N Ő
T T P B H X P F Y S U D A V I T
N E D V E S S É G D R X J N K E
G H Y H J I J O É V I R Á G A C
N E D T K L W C G G C H S J K C
E I N B C Á O T D Á H C M D Z O
W W P Y L N I J V T R A D V Y K
L T X N R O K O S C X I J R O E
E A G P T Z S O P M O K V L H D
V L F R J E T A R T Á L Y H A F
É A L T A Z O B M O L U T F W T
L J A P F S G Y Ü M Ö L C S Ö S
```

BOTANIKA
CSOKOR
ÉGHAJLAT
EHETŐ
KOMPOSZT
VÍZ
FAJ
EGZOTIKUS
LOMBOZAT
LEVÉL

VIRÁG
VIRÁGOS
MAGOK
NEDVESSÉG
TARTÁLY
SZEZONÁLIS
PISZOK
TALAJ
TÖMLŐ
GYÜMÖLCSÖS

69 - Entreprise

```
J  K  Z  F  Z  O  O  S  W  B  F  K  K  Ó  D  A
Z  Ö  O  W  R  K  Ö  L  T  S  É  G  Ö  T  G  D
O  G  V  L  G  T  P  P  F  U  S  I  L  A  Y  O
L  J  J  E  L  N  M  D  V  E  X  B  T  T  Á  R
N  J  S  Á  D  A  L  E  I  A  L  E  S  L  R  I
Y  N  É  M  Z  E  V  D  E  K  J  R  É  Á  T  N
Ó  G  H  W  N  S  L  K  R  U  O  U  G  K  C  Y
I  D  X  I  O  L  W  E  G  G  R  H  V  N  P  E
C  V  A  L  U  T  A  E  M  C  S  Á  E  U  É  R
K  K  A  R  R  I  E  R  N  J  D  Z  T  M  N  E
A  L  K  A  L  M  A  Z  O  T  T  Á  É  D  Z  S
Z  H  U  A  Z  C  S  N  D  P  E  S  S  J  Ü  É
N  M  C  G  G  S  I  É  Z  S  U  L  C  Z  G  G
A  B  L  G  G  Y  I  P  V  I  E  I  Z  F  Y  H
R  V  Á  L  L  A  L  A  T  B  N  C  M  Ü  L  U
T  K  M  T  C  O  I  E  J  W  E  L  T  W  G  V
```

PÉNZ	PÉNZÜGY
ÜZLET	ADÓK
KÖLTSÉGVETÉS	BERUHÁZÁS
IRODA	ÁRU
KARRIER	NYERESÉG
KÖLTSÉG	JÖVEDELEM
VALUTA	KEDVEZMÉNY
MUNKÁLTATÓ	TRANZAKCIÓ
ALKALMAZOTT	GYÁR
VÁLLALAT	ELADÁS

70 - Activités

```
S  K  I  K  A  P  C  S  O  L  Ó  D  Á  S  W  F
Z  V  G  J  G  X  X  E  P  I  O  T  L  F  D  E
A  I  X  Y  K  T  A  Z  S  Á  L  A  H  P  B  S
B  T  C  O  Z  M  Á  G  I  A  V  K  S  F  S  T
A  E  X  H  C  Ö  R  N  D  B  A  D  É  S  B  M
D  V  W  M  K  R  P  I  G  H  S  S  Z  É  H  É
I  É  X  É  É  Ö  C  P  É  L  Á  R  E  D  D  N
D  K  W  R  S  D  A  M  S  L  S  V  P  E  Z  Y
Ő  E  M  D  Z  R  N  E  S  J  Á  T  É  K  O  K
F  N  Ű  E  S  B  A  K  E  S  R  A  K  Z  Z  N
F  Y  V  K  É  E  I  W  V  M  R  Z  Y  S  A  U
H  S  É  E  G  N  M  F  Ű  E  A  S  N  É  B  V
Z  É  S  K  C  U  Á  D  M  F  V  Á  É  T  T  V
V  G  Z  M  T  Ú  R  Á  Z  Á  S  D  F  R  F  R
R  W  E  R  X  M  E  L  É  U  W  A  J  E  B  Y
D  Y  T  H  H  V  K  O  K  B  C  V  K  K  O  L
```

TEVÉKENYSÉG	JÁTÉKOK
MŰVÉSZET	OLVASÁS
KÉZMŰVESSÉG	SZABADIDŐ
KEMPING	MÁGIA
KERÁMIA	FESTMÉNY
VADÁSZAT	HALÁSZAT
KÉSZSÉG	FÉNYKÉPEZÉS
VARRÁS	ÖRÖM
ÉRDEKEK	TÚRÁZÁS
KERTÉSZKEDÉS	KIKAPCSOLÓDÁS

71 - Mode

```
E E K X Y J K A Z S G C R N L M
R S T Í L U S N Á G E L E E J K
E E C J S X G Y A K O R L A T I
D A G Á R D K I F I N O M U L T
E H R Y C Y H E L A T N I M A U
T V U I S S B M V R R R P M Z B
I P H K Z Z I B E Ú T E K O M M
L S Á F F F E P H T B D W I N I
U Z Z G N E L R K X I O V R W R
W Ö A B G H B L Ű E C M T U N X
A V T A G Í J T L T G O M B O K
Y E Z N A M S Z E R É N Y V E N
X T H T A Z Y N Á R I V X A N L
U J O F P É B Z E Y T D V Y S X
P T R A T S I L A M I N I M T W
M E G F I Z E T H E T Ő N C S A
```

MEGFIZETHETŐ	MINTA
BUTIK	EREDETI
GOMBOK	GYAKORLATI
HÍMZÉS	EGYSZERŰ
DRÁGA	KIFINOMULT
CSIPKE	STÍLUS
ELEGÁNS	IRÁNYZAT
MINIMALISTA	TEXTÚRA
MODERN	SZÖVET
SZERÉNY	RUHÁZAT

72 - Fleurs

```
N S C Y L L N O M Y M N S C W T
A F A O L Ó Á P E B P N C W T U
P L U F S H R O K O S C E A B L
R H U U O E C K K O P W D A X I
A B A D N R I H V S T X L K G P
F A I L N E S T E R A W T L C Á
O Z L Y V E Z G A R D É N I A N
R S Ó D F Á V P I T Y P A N G M
G A N E N F N E P M F F J D M Á
Ó R G J L H Z Y L M O R I Z S K
F Ó A N Á Z R O L O W W N K O A
O Z M R S Z A E D I H C R O K V
E S B D T H M U W L L D O U N E
W A M W M R X I H I D A A N F S
D L U R M H U C N L J C J Z U H
R Ó Z S A H I B I S Z K U S Z U
```

CSOKOR	ORCHIDEA
GARDÉNIA	MÁK
HIBISZKUSZ	SZIROM
JÁZMIN	PITYPANG
NÁRCISZ	BAZSARÓZSA
LEVENDULA	RÓZSA
HALVÁNYLILA	NAPRAFORGÓ
LILIOM	LÓHERE
MAGNÓLIA	TULIPÁN

73 - Nourriture #2

```
J  F  L  S  Y  R  K  L  F  Z  P  X  D  C  E  X
B  N  G  S  H  V  E  H  L  D  M  T  P  S  T  V
M  T  P  Y  H  N  L  Ó  K  Y  Z  K  F  O  P  S
Z  I  O  H  U  G  U  G  A  D  E  J  T  K  A  Z
C  S  E  R  E  S  Z  N  Y  E  L  K  T  O  R  L
Y  Z  W  R  K  U  I  A  D  L  L  O  O  L  A  Y
M  I  C  Z  R  R  D  M  N  T  E  V  J  Á  D  S
V  R  N  D  I  F  K  I  V  I  R  A  Á  D  I  O
B  Y  Á  X  S  N  I  Ő  L  Ő  Z  S  S  É  C  N
J  Ú  S  A  C  Z  M  H  B  O  T  B  V  W  S  K
W  L  Z  K  E  N  Y  É  R  A  K  L  G  O  O  A
E  H  I  A  L  U  D  N  A  M  N  K  B  N  M  B
I  E  L  M  M  F  K  M  H  A  L  Á  O  O  H  M
X  D  D  L  S  K  W  E  G  R  O  G  N  R  V  O
I  H  A  A  M  O  R  R  D  A  P  D  P  J  B  G
Y  J  P  T  A  V  E  B  M  Y  C  W  V  E  B  B
```

MANDULA	KIVI
PADLIZSÁN	MANGÓ
BANÁN	TOJÁS
BÚZA	KENYÉR
BROKKOLI	HAL
CSERESZNYE	ALMA
ZELLER	CSIRKE
GOMBA	SZŐLŐ
CSOKOLÁDÉ	RIZS
SONKA	PARADICSOM

74 - Algèbre

```
J  I  J  P  S  M  O  L  G  O  W  M  G  S  P  K
V  I  Z  W  I  V  S  N  I  X  H  Á  B  N  N  I
R  N  L  X  S  T  T  U  Ő  V  E  T  I  K  P  V
B  U  W  U  V  B  Z  N  T  D  S  R  A  R  R  O
G  L  N  O  K  I  F  A  R  G  F  I  G  N  O  N
A  L  A  I  É  E  H  Z  T  D  D  X  É  I  B  Á
T  A  K  C  P  T  É  N  Y  E  Z  Ő  S  Y  L  S
Ö  S  Á  D  L  O  G  E  M  H  B  J  I  G  É  S
R  R  D  N  E  L  E  T  G  É  V  S  Y  Ó  M  I
E  H  H  I  T  F  H  Z  E  N  H  L  N  Z  A  Z
D  V  A  P  A  U  G  S  K  I  B  X  N  O  P  Á
É  P  M  B  N  G  E  G  Y  E  N  L  E  T  V  R
K  J  I  L  S  I  R  Á  E  N  I  L  M  L  W  Ó
W  P  S  W  C  Y  Y  A  B  H  D  F  H  Á  B  J
A  C  P  I  K  J  E  Y  M  Á  Z  S  S  V  W  E
E  G  Y  S  Z  E  R  Ű  S  Í  T  É  S  A  P  L
```

DIAGRAM	MÁTRIX
KITEVŐ	SZÁM
EGYENLET	ZÁRÓJEL
TÉNYEZŐ	PROBLÉMA
HAMIS	MENNYISÉG
KÉPLET	EGYSZERŰSÍTÉS
TÖREDÉK	MEGOLDÁS
GRAFIKON	KIVONÁS
VÉGTELEN	VÁLTOZÓ
LINEÁRIS	NULLA

75 - Océan

```
E  S  O  P  P  B  R  M  Z  R  A  L  Y  U  R  E
M  U  Y  K  H  X  Ó  S  C  A  V  I  Z  S  T  I
S  Y  P  Z  T  K  J  Ő  Á  I  K  Y  D  W  G  U
U  T  V  F  V  G  A  N  P  I  L  O  P  E  W  C
R  H  Y  N  H  Z  H  K  A  N  L  O  G  N  A  J
G  O  R  X  A  V  Y  E  Y  N  O  T  Á  Z  M  K
A  N  I  U  L  G  I  T  T  M  L  A  H  N  O  T
R  I  I  X  O  H  Í  N  Á  R  N  Á  K  R  U  V
N  G  Z  L  S  W  R  L  O  D  G  F  B  C  O  P
É  D  O  B  Z  U  E  C  K  O  B  L  R  X  D  U
L  E  T  H  T  K  E  J  E  O  E  V  D  Á  L  N
A  L  I  I  R  S  U  R  R  L  R  H  R  B  K  G
R  F  W  L  I  M  E  D  Ú  Z  A  A  C  E  V  C
Á  I  J  V  G  R  M  D  O  W  H  B  L  Z  J  V
K  N  S  B  A  R  X  O  Z  I  I  R  B  L  L  S
H  U  L  L  Á  M  O  K  M  T  V  M  G  E  J  L
```

HÍNÁR
ANGOLNA
BÁLNA
HAJÓ
KORALL
RÁK
GARNÉLARÁK
DELFIN
SZIVACS
OSZTRIGA

MEDÚZA
HAL
POLIP
CÁPA
ZÁTONY
SÓ
VIHAR
TONHAL
TEKNŐS
HULLÁMOK

76 - Remplir

```
U J A R N G C J U E L R W R W O
L I F V J Ü V E G B Z E G R E K
D O B O Z I R O G A Z Á V P B J
Y D D Y T A T N Z D M M M U Ő D
S L A S C V R G S Á K O M E R N
R N J Y R S I M E L O M S V Ö G
Y K É T Í R O B B Y S X I C N I
P E Z Á R N N Z Y P Á H T K D U
V H F S E M K H M E R G Á K S C
U Ö X K Ó I F H O R D Ó L O T Z
L X D A R G G K L V Á S C R B H
W G H Ö P A F B V Z K J A S C A
E X E C R P H P V V R H A Ó S N
H F S X M B A O W D D A A J Ő H
K A R T O N E M I B P D D A I M
E H T P O J D C W B N K B H L D
```

KÁD	CSOMAG
HORDÓ	TÁLCA
DOBOZ	ZSEB
ÜVEG	KORSÓ
LÁDA	TÁSKA
KARTON	VÖDÖR
MAPPA	FIÓK
BORÍTÉK	CSŐ
HAJÓ	BŐRÖND
KOSÁR	VÁZA

77 - Antiquités

```
H Y G S K M K M D Á E I L X I P
E W H L V P I S N T R O T Ú B W
L I D L Z A W N U J Á V K K C Y
Y N D P N I I K Ő J J P E N I E
R J K É T R É Y X S K O I R W V
E A E S Y É U A A C É P M U É P
Á G R Z P L Y Y Y S R G Ű J S S
L C E A L A B W J X G T V O S Á
L W Z J K G A J U Z R J É U Z Z
Í C S Z O K A T L A N M S B O Á
T T K E Y N É M T S E F Z U B H
Á É É R L E L E G Á N S E U O U
S R J É A E T O S U L Í T S R R
F M S G V Í T A R O K E D O O E
Z É T I H I X I D S Z Á Z A D B
Z K S M K I C I H U A G L B D D
```

MŰVÉSZET	FESTMÉNYEK
HITELES	ÉRMÉK
ÉKSZEREK	ÁR
DEKORATÍV	MINŐSÉG
ÁRVERÉS	HELYREÁLLÍTÁS
ELEGÁNS	SZOBOR
GALÉRIA	SZÁZAD
SZOKATLAN	STÍLUS
BERUHÁZÁS	ÉRTÉK
BÚTOR	RÉGI

78 - Boxe

```
J  K  U  T  L  Ü  R  E  M  I  K  H  C  K  B  N
K  E  É  J  G  Y  F  M  L  K  V  J  U  Ö  H  B
D  S  U  S  Á  G  Ú  R  V  L  H  C  Z  N  K  H
C  É  E  R  Z  T  F  U  U  P  E  S  Y  Y  Z  C
B  L  A  O  S  T  W  U  E  B  N  J  Ö  E  K
H  Ü  U  Y  U  O  É  Ö  K  Ö  L  T  F  K  R  Ö
L  R  Y  G  K  C  P  G  U  C  P  Y  E  É  Ő  T
G  É  V  N  Ó  R  R  Y  C  E  J  R  G  W  L  E
X  S  F  A  F  A  F  E  L  É  P  Ü  L  É  S  L
U  N  G  R  P  H  B  G  D  Á  L  L  X  Y  C  E
D  B  Z  A  J  O  C  I  D  A  T  G  T  T  K  K
Y  R  M  H  G  I  N  U  N  C  A  T  S  E  T  O
L  T  V  R  U  Ű  Y  T  Z  S  E  K  A  C  C  B
I  T  A  A  G  X  A  T  O  L  U  X  R  G  L  U
F  D  X  B  R  T  M  T  E  K  W  G  O  V  F  L
J  Á  T  É  K  V  E  Z  E  T  Ő  A  K  X  U  U
```

ELLENFÉL	KÖNYÖK
JÁTÉKVEZETŐ	RÚGÁS
SÉRÜLÉSEK	KIMERÜLT
HARANG	ERŐ
SAROK	KESZTYŰ
HARCOS	ÁLL
KÉSZSÉG	ÖKÖL
FÓKUSZ	PONTOK
KÖTELEK	GYORS
TEST	FELÉPÜLÉS

79 - Réchauffement Climatique

```
U  G  Z  J  V  R  Y  Y  Z  C  G  T  A  D  A  R
G  S  K  I  Y  K  G  M  L  E  E  É  U  R  D  H
K  Ö  R  N  Y  E  Z  E  T  I  N  G  N  D  W  N
Ó  R  T  A  F  C  H  Á  I  Z  E  H  T  P  Ó  N
I  S  L  I  P  A  Ő  O  G  Ö  R  A  P  D  J  S
C  C  O  G  V  I  M  W  Á  K  Á  J  T  D  Y  Y
Á  K  H  R  Á  N  É  H  S  T  C  L  G  A  R  A
L  U  Z  E  L  K  R  K  L  E  I  A  S  D  Y  J
U  W  E  N  T  O  S  S  Á  Z  Ó  T  U  X  K  C
P  H  C  E  O  R  É  W  V  M  K  U  P  U  E  L
O  K  N  X  Z  M  K  Y  F  E  J  L  Ő  D  É  S
P  F  S  P  Á  Á  L  D  J  N  F  O  V  D  O  W
M  O  S  T  S  N  E  C  V  W  A  U  Ö  O  X  D
U  G  V  Z  O  Y  T  W  H  L  I  K  J  C  R  Y
P  X  M  Z  K  S  A  R  K  V  I  D  É  K  I  M
R  C  F  I  G  Y  E  L  E  M  S  C  T  Y  P  F
```

SARKVIDÉKI	GÁZ
FIGYELEM	GENERÁCIÓK
VÁLTOZÁSOK	KORMÁNY
ÉGHAJLAT	IPAR
VÁLSÁG	NEMZETKÖZI
FEJLŐDÉS	MOST
ADAT	POPULÁCIÓK
KÖRNYEZETI	TUDÓS
ENERGIA	HŐMÉRSÉKLET
JÖVŐ	

80 - Ballet

```
S  P  K  U  E  Ő  J  A  A  G  T  Z  K  G  M  K
U  R  M  L  A  Z  M  D  J  Y  A  G  I  E  Ű  E
I  A  I  F  Á  R  G  O  E  R  O  K  F  S  V  C
O  K  B  E  C  E  O  N  W  C  D  F  E  Z  É  S
O  E  I  A  S  Z  Z  G  W  N  W  V  J  T  S  E
N  N  R  E  L  S  P  A  T  C  G  O  E  U  Z  S
S  E  R  U  V  E  L  K  T  E  Z  Y  Z  S  I  F
U  Z  L  E  M  N  R  P  R  Ó  B  A  Ő  G  A  A
L  U  Ó  A  K  E  G  I  T  Á  N  C  O  S  O  K
Í  B  R  L  E  Z  É  V  N  Y  P  C  O  V  G  B
T  M  K  O  Ó  F  S  G  G  A  I  U  X  L  F  L
S  I  N  T  E  N  Z  I  T  Á  S  Z  Z  E  N  E
U  T  L  L  U  F  S  U  M  T  I  R  M  L  C  J
C  Z  I  A  S  P  É  B  F  G  Z  G  W  O  Y  I
A  A  G  R  W  Y  K  Ö  Z  Ö  N  S  É  G  K  C
W  F  G  K  T  E  C  H  N  I  K  A  Z  E  I  Z
```

TAPS	INTENZITÁS
MŰVÉSZI	IZMOK
BALERINA	ZENE
KOREOGRÁFIA	ZENEKAR
KÉSZSÉG	KÖZÖNSÉG
ZENESZERZŐ	PRÓBA
TÁNCOSOK	RITMUS
KIFEJEZŐ	SZÓLÓ
GESZTUS	STÍLUS
KECSES	TECHNIKA

81 - Fruit

```
M G O M A N G Ó E E X L H O W L
A N A R A N C S F C D L Ő F B M
D I N G R K E O Z M H A L M A M
S R L U B M L L Z B Y V Ő G T X
P A Á J Á O D H O E P H Z S C D
R T M Á P R G H A D H O S Z S K
Z K N V O T E Y N Z S E R E S C
I E C A P I W V Ó I B T G D G A
D N O F R C B E J T V R J K G R
O B F A U T A N D N R Ö C T R A
O L M E P E N J G N I K G W N B
C U T J Z S Á N A N A X J I C A
D I N N Y E N P U P W H J A W G
U H V A V O K Á D Ó A H B Y S R
G W B I J H L T P W F P R F J Á
G V K E K C A R A B I Z S Ő S S
```

SÁRGABARACK	KIVI
ANANÁSZ	MANGÓ
AVOKÁDÓ	DINNYE
BOGYÓ	NEKTARIN
BANÁN	NARANCS
CSERESZNYE	PAPAJA
CITROM	ŐSZIBARACK
ÁBRA	KÖRTE
MÁLNA	ALMA
GUJÁVAFA	SZŐLŐ

82 - Technologie

```
L R N O G R Ü V P P I D T S E B
I N X I I U Z I N T E R N E T Ö
G J L A O B E W K U C X T N J N
B C H K L S N T T É X K C U R G
K L S M E A E Z J X P G F Y W É
I J O B J W T J Á B A E A N B S
J Á R G S Z O F T V E R R P H Z
E F A G I L K I G Z J I I N W Ő
L K D K L S U P Í T Ű T E B Y O
Z E A A Á S R R U I E S V F F Ő
Ő M T L T Á Z B I Z T O N S Á G
G W S Z I T O V I R T U Á L I S
A O M K G A R A B W L V Í R U S
H N A K I T Z S I T A T S T W Z
U F V B D U V H R K A M E R A T
C D D N G K S Z Á M Í T Ó G É P
```

KIJELZŐ

BLOG

KAMERA

KURZOR

ADAT

KÉPERNYŐ

FÁJL

INTERNET

SZOFTVER

ÜZENET

BÖNGÉSZŐ

DIGITÁLIS

BÁJT

SZÁMÍTÓGÉP

BETŰTÍPUS

KUTATÁS

BIZTONSÁG

STATISZTIKA

VIRTUÁLIS

VÍRUS

83 - Musique

```
Z K L A S S Z I K U S X T F S H
S E R I T M I K U S U M T I R A
É M N K K S L D U B B X Y F S R
N I X E H V J F C H W I B M A M
E K R N I A R Í L E K E N É L O
Z R O É D R V W A U S N L V B N
X O D A I W H C L P T L W D U I
M F A O T V U K K M É E T R M K
R O L D D X W R O F N T M R M U
C N L B A L L A D A E É V P S S
O A A K N R H T I D K V I K Ó P
J P M P E I T E M O E L X Ö N Y
H K E O R W K B D X S E L L N S
R A X R O J Z G H J T F I T V Z
X T J D A I N Ó M R A H V Ő H H
X E F E S Z K Ö Z T I W H I F C
```

ALBUM	DALLAM
BALLADA	MIKROFON
ÉNEKEL	ZENEI
ÉNEKES	ZENÉSZ
KLASSZIKUS	OPERA
FELVÉTEL	KÖLTŐI
HARMÓNIA	RITMUS
HARMONIKUS	RITMIKUS
ESZKÖZ	TEMPÓ
LÍRAI	ÉNEK

84 - L'Entreprise

```
U  L  M  R  N  Z  V  D  N  H  X  B  H  O  C  E
Ü  Z  L  E  T  I  P  V  Í  T  A  V  O  N  N  I
S  K  B  E  U  O  W  C  U  V  U  L  L  E  B  C
K  R  E  E  T  S  E  R  N  A  P  M  A  L  É  Z
O  E  M  G  K  É  M  R  E  T  A  R  B  D  R  D
C  A  U  Y  H  T  V  É  N  R  Í  H  P  A  Á  V
K  T  T  S  B  N  K  E  D  N  E  R  T  V  N  S
Á  Í  A  É  E  Ö  J  P  B  L  F  I  R  Z  U  K
Z  V  T  G  R  D  C  W  C  I  D  V  W  E  G  F
A  T  Á  E  U  R  I  S  V  T  C  X  G  I  V  O
T  K  S  K  H  L  E  H  E  T  Ő  S  É  G  C  R
O  V  B  W  Á  O  I  A  M  K  A  Z  S  X  L  R
K  U  N  E  Z  J  X  A  Y  V  Z  X  Ő  E  T  Á
J  L  M  N  Á  I  P  A  R  V  L  O  N  R  G  S
L  G  A  E  S  I  L  Á  B  O  L  G  I  R  D  O
Z  R  N  C  L  F  R  E  F  Y  G  A  M  X  E  K
```

ÜZLETI	SZAKMAI
KREATÍV	HALADÁS
DÖNTÉS	MINŐSÉG
GLOBÁLIS	FORRÁSOK
IPAR	BEVÉTEL
INNOVATÍV	HÍRNÉV
BERUHÁZÁS	KOCKÁZATOK
LEHETŐSÉG	BÉR
BEMUTATÁS	TRENDEK
TERMÉK	EGYSÉGEK

85 - Gouvernement

```
F  I  I  X  I  F  R  N  M  S  V  D  D  B  S  I
K  E  R  Ü  L  E  T  S  D  W  F  E  F  E  Z  U
P  Z  Á  Z  Y  I  Z  R  E  S  G  M  H  S  A  P
Ű  O  G  Y  N  É  V  R  Ö  T  É  O  U  Z  B  T
M  A  L  L  Á  W  P  F  A  E  S  K  N  É  A  F
K  B  O  I  M  W  T  D  E  Z  Ő  R  É  D  D  Ü
É  Í  P  C  T  O  L  Y  J  M  L  Á  L  B  S  G
L  R  O  B  O  I  Z  W  H  E  N  C  O  W  Á  G
M  Ó  P  I  K  K  K  L  B  N  E  I  G  W  G  E
E  S  F  D  L  A  O  A  Z  N  Y  A  P  F  S  T
S  Á  S  G  A  D  G  Y  T  D  G  S  K  U  M  L
O  G  F  O  S  V  O  P  G  I  E  S  T  T  I  E
M  I  Z  N  J  D  J  Y  D  S  V  V  T  M  D  N
N  E  M  Z  E  T  I  M  U  L  Ó  B  M  I  Z  S
I  G  A  Z  S  Á  G  O  S  S  Á  G  R  Z  G  É
J  B  Z  N  V  S  S  G  E  R  S  H  J  V  Y  G
```

POLGÁRI	BÍRÓSÁGI
ALKOTMÁNY	IGAZSÁGOSSÁG
DEMOKRÁCIA	SZABADSÁG
BESZÉD	TÖRVÉNY
VITA	EMLÉKMŰ
KERÜLET	NEMZET
JOGOK	NEMZETI
EGYENLŐSÉG	BÉKÉS
ÁLLAM	POLITIKA
FÜGGETLENSÉG	SZIMBÓLUM

86 - Randonnée

```
N Y C F P N U Z É P A H U K U F
E G N I P M E K G A M Z I S C T
H E F Á R A D T H R N E A D R Ú
É H L Y A V K S A K A T U Y O T
Z F Ő L Í B N J O P C N R P M
T C M N K Z V P L K Z C W P F U
T T S Z I É O O A H T R R X F T
I É K K Z J S L T H G T O G T A
D O R Ö S T E Z S É M R E T J T
Ő Z B K V I J G Í L E L C G L Ó
J T Y A É E G V E T Z C O W R K
Á N R L Z P K E Y L É Z S E V A
R O R I E N T Á C I Ó S V A F L
Á M V A D Á L L A T O K K G J O
S M T M M P D P C A J I V T X L
O R T O V L W E D K W N O H G F
```

ÁLLATOK
CSIZMA
KEMPING
TÉRKÉP
ÉGHAJLAT
VESZÉLYEK
VÍZ
SZIKLA
FÁRADT
ÚTMUTATÓK

NEHÉZ
IDŐJÁRÁS
HEGY
TERMÉSZET
ORIENTÁCIÓ
PARKOK
KÖVEK
ELŐKÉSZÍTÉS
VAD
NAP

87 - Nutrition

```
Z  K  R  X  V  E  K  F  R  X  C  H  I  Y  C  E
N  W  C  X  J  K  Ő  V  E  T  E  Z  S  S  Ö  M
L  N  K  O  T  Á  R  D  I  H  N  É  Z  S  M  É
E  G  É  S  Z  S  É  G  E  S  É  B  R  T  D  S
L  M  S  Z  Y  O  E  G  O  R  C  R  E  R  U  Z
F  O  L  Y  A  D  É  K  O  K  S  L  J  T  L  T
E  Y  W  W  A  Z  J  O  M  Z  B  T  K  É  H  É
N  G  G  T  U  G  I  D  I  É  T  A  A  B  K  S
Y  Á  É  I  P  F  P  U  F  O  I  Z  L  R  B  I
Z  V  M  S  É  T  Z  S  E  J  R  E  Ó  N  R  T
S  T  V  H  Z  Z  Í  Y  L  X  E  L  R  C  K  Ő
Z  É  K  G  É  S  Ő  N  I  M  S  N  I  X  O  T
K  R  I  R  H  G  É  K  H  H  J  Ú  A  W  G  E
S  Z  Ó  S  Z  D  E  G  W  C  V  F  L  K  Z  H
K  E  S  E  R  Ű  V  I  T  A  M  I  N  Y  U  E
F  Ű  S  Z  E  R  E  K  E  M  Y  L  N  J  U  G
```

KESERŰ	FOLYADÉKOK
ÉTVÁGY	SÚLY
KALÓRIA	FEHÉRJÉK
EHETŐ	MINŐSÉG
DIÉTA	EGÉSZSÉGES
EMÉSZTÉS	EGÉSZSÉG
FŰSZEREK	SZÓSZ
ERJESZTÉS	ÍZ
SZÉNHIDRÁTOK	TOXIN
ÖSSZETEVŐK	VITAMIN

88 - Créativité

```
I  N  T  U  Í  C  I  Ó  O  N  S  W  N  M  Y  F
I  L  M  S  P  O  N  T  Á  N  D  G  A  Ű  N  I
D  R  Á  M  A  I  W  M  T  W  K  U  U  V  O  H
F  V  B  K  W  R  O  T  E  L  E  Z  P  É  K  L
O  I  E  Ó  É  K  U  D  F  R  M  P  Y  S  É  E
L  L  N  I  C  S  K  E  W  A  L  R  R  Z  L  T
Y  Á  Y  Z  A  Á  Z  F  X  C  E  S  M  I  Á  C
É  G  O  Í  G  T  P  S  Z  N  Z  R  B  G  L  S
K  O  M  V  X  I  P  G  É  C  R  K  H  G  A  A
O  S  Á  V  J  Z  R  Y  E  G  É  Y  J  G  T  W
N  S  S  Z  U  N  H  I  T  E  L  E  S  S  É  G
Y  Á  Z  V  K  E  T  E  L  T  Ö  W  G  O  K  N
S  G  B  A  Y  T  K  I  F  E  J  E  Z  É  S  J
Á  K  T  C  U  N  S  Z  E  N  Z  Á  C  I  Ó  G
G  N  É  L  L  I  É  L  E  T  E  R  Ő  X  G  B
N  P  B  P  F  D  K  A  V  L  S  N  U  U  D  K
```

MŰVÉSZI	KÉPZELET
HITELESSÉG	BENYOMÁS
VILÁGOSSÁG	IHLET
KÉSZSÉG	INTENZITÁS
DRÁMAI	INTUÍCIÓ
KIFEJEZÉS	TALÁLÉKONY
ÉRZELMEK	SZENZÁCIÓ
FOLYÉKONYSÁG	SPONTÁN
ÖTLETEK	VÍZIÓK
KÉP	ÉLETERŐ

89 - Science Fiction

```
M D S B H H N L E E K F T F K U
C A H M R M J M X I M A Ű U É T
A I G Ó L O N H C E T N Z T P Ó
G Z S Á N A B B O R V T J U Z P
J O E T J M S O H I Y A R R E I
P M Y X K Ó X E T Y N S G I L A
S I L Á E R S Y F O Ö Z A S E M
I K É V V U T L V I K T T Z T L
F Y T S Y A I U A I Ó I O T B U
E E J C N B G P V T T K M I E C
S H E J Ö N H I I Ó A U I K L P
T K R B K W A G L S G S P U I J
I L L Ú Z I Ó C Á C R Y J S P P
G A L A X I S N G X O X L E Z K
N Y H E E E Z F G G F U D O Y R
S Z É L S Ő S É G E S N V J B I
```

ATOMI	KÖNYVEK
MOZI	VILÁG
ROBBANÁS	REJTÉLYES
SZÉLSŐSÉGES	JÓSLAT
FANTASZTIKUS	BOLYGÓ
TŰZ	REÁLIS
FUTURISZTIKUS	ROBOTOK
GALAXIS	FORGATÓKÖNYV
ILLÚZIÓ	TECHNOLÓGIA
KÉPZELETBELI	UTÓPIA

90 - Professions #1

```
S Á U P D L V C P M J N Z S L J
E L Z S É V Ű M B R E X V T T H
O L M U U W A A Y D C V G E É G
W A H G F S Ó T L O Z Ű T V R E
M T W Ó T U D Ó S O V R O Ö K O
G O N L I Y O T O I X S C K É L
T R J O I K D G C L R T Y Y P Ó
L V N H E F É L N C P O H G É G
Á O O C H U V C Á H D I G A S U
P S J I Z F Y B T N F A U N Z S
O F J Z S Á G A L L I S C P O L
L P R S É A Ü N Ő P R D H W I Z
Ó Y V P N G V K Z H C E H T P E
J W Y S E Z S Á D A V J G K D A
M D R J Z S É R E Z S K É N G V
F Y S Z E R K E S Z T Ő S F G H
```

NAGYKÖVET	SZERKESZTŐ
MŰVÉSZ	GEOLÓGUS
CSILLAGÁSZ	ÁPOLÓ
ÜGYVÉD	ORVOS
BANKÁR	ZENÉSZ
ÉKSZERÉSZ	ZONGORISTA
TÉRKÉPÉSZ	TŰZOLTÓ
VADÁSZ	PSZICHOLÓGUS
TÁNCOS	TUDÓS
EDZŐ	ÁLLATORVOS

91 - Géologie

```
E  F  G  O  C  N  K  R  N  A  G  X  F  W  Y  S
Y  F  J  A  A  Á  X  S  G  J  L  B  N  M  L  Z
C  S  E  P  P  K  Ő  O  K  O  R  A  L  L  Á  T
R  N  T  B  N  L  K  F  L  S  J  I  O  K  V  A
A  H  U  J  X  U  Z  O  V  V  S  J  G  O  A  L
V  Y  W  K  X  V  Z  Ó  N  A  A  C  T  N  V  A
K  N  I  O  Y  K  E  D  N  H  U  D  I  T  B  G
S  K  J  Y  V  E  A  R  C  G  B  R  T  I  Y  M
B  A  R  L  A  N  G  L  Ó  S  B  B  C  N  P  I
A  Y  I  Á  W  A  E  X  C  Z  P  S  R  E  B  T
E  J  B  T  R  H  T  C  T  I  I  W  S  N  V  O
G  H  I  S  K  H  É  J  X  K  U  Ó  A  S  P  K
N  S  C  I  E  O  R  Z  O  H  P  M  A  R  T  S
L  F  T  R  F  O  S  S  Z  I  L  I  S  P  D  A
B  N  F  K  Í  S  N  N  E  F  N  F  C  A  V  V
U  B  S  P  D  W  Y  O  V  G  E  J  Z  Í  R  L
```

SAV	GEJZÍR
KALCIUM	LÁVA
BARLANG	KŐ
KONTINENS	FENNSÍK
KORALL	KVARC
RÉTEG	SÓ
KRISTÁLYOK	CSEPPKŐ
ERÓZIÓ	SZTALAGMITOK
OLVADT	VULKÁN
FOSSZILIS	ZÓNA

92 - Jardin

```
V  B  T  C  F  L  L  K  Ő  L  M  Ö  T  V  Y  T
F  A  G  A  Z  I  V  R  F  D  R  G  A  I  X  R
Ű  G  Y  O  M  O  K  E  R  U  A  B  V  R  S  A
F  S  É  T  Í  R  E  K  T  P  B  A  A  Á  Z  M
G  Ü  G  U  E  Y  L  B  E  R  E  G  C  G  Ő  B
Y  L  G  U  O  R  B  O  K  O  R  D  S  X  L  U
Ü  I  F  G  F  S  A  B  C  E  K  D  K  M  Ő  L
M  H  V  L  Ő  Z  G  S  G  S  B  V  A  S  Y  I
Ö  S  L  U  A  Á  O  B  Z  G  G  Y  E  P  T  N
L  F  H  X  P  R  G  F  H  J  M  Z  I  U  A  C
C  R  P  W  G  A  Z  Y  F  J  P  E  A  S  L  R
S  D  P  J  K  G  A  V  T  U  K  E  Z  J  A  R
Ö  Y  W  D  E  A  X  W  D  B  X  Z  B  F  J  G
S  M  M  L  R  T  I  S  P  P  R  C  R  X  N  Y
A  Z  D  Z  T  Á  P  A  L  X  L  A  E  C  E  Y
I  V  J  R  Z  S  C  F  Y  D  L  Y  V  H  G  M
```

FA	GYOMOK
PAD	LAPÁT
BOKOR	GYEP
KERÍTÉS	GEREBLYE
TAVACSKA	TALAJ
VIRÁG	TERASZ
GARÁZS	TRAMBULIN
FÜGGŐÁGY	TÖMLŐ
FŰ	GYÜMÖLCSÖS
KERT	SZŐLŐ

93 - Santé et Bien Être #1

```
T  G  C  D  C  Y  É  S  A  T  M  I  M  U  E  X
O  E  S  W  G  C  H  É  K  E  A  O  L  B  E  E
B  R  S  U  D  B  S  R  T  R  G  T  Ö  R  É  S
K  A  V  T  M  Ő  É  Ü  Í  Á  A  T  J  J  M  N
E  U  K  O  T  R  G  L  V  P  S  Á  K  O  Z  S
Z  D  N  T  S  A  P  É  D  I  S  R  O  F  K  T
E  J  C  J  É  C  R  S  O  A  Á  E  N  C  L  O
L  V  E  W  I  R  X  T  U  Z  G  F  O  S  I  Z
É  O  N  I  H  H  I  T  Á  D  W  L  M  O  N  C
S  V  F  F  S  R  K  U  F  S  Z  E  R  N  I  A
O  R  V  O  S  S  Á  G  M  V  G  X  O  T  K  F
N  W  S  M  G  B  O  M  C  O  D  B  H  O  A  D
L  N  C  D  D  K  F  Y  O  W  K  H  O  K  U  A
G  Y  Ó  G  Y  S  Z  E  R  T  Á  R  H  U  K  F
I  B  S  J  C  I  Z  M  O  K  V  Í  R  U  S  Y
N  S  G  Y  E  L  W  G  E  E  H  G  Z  V  O  M
```

AKTÍV	ORVOSSÁG
BAKTÉRIUMOK	IZMOK
SÉRÜLÉS	CSONTOK
KLINIKA	BŐR
ÉHSÉG	GYÓGYSZERTÁR
TÖRÉS	TESTTARTÁS
SZOKÁS	REFLEX
MAGASSÁG	TERÁPIA
HORMONOK	KEZELÉS
ORVOS	VÍRUS

94 - Barbecues

```
B M O Z Z F V B H S W I M R S L
N O G H Ö O E V A F Z S T S X L
Y S R M L R D F G É S H É T L H
Á C Y S D R Y D Y Z W E M Y D W
R I Y Z S Ó Z S M S A L Á T Á K
H D U S É W S E A C R G R I L L
H A M Y G X N H X L O C G A A H
V R T V E N G W S Ö S S G D S K
Y A A V K G Z O U M C I F G C H
K P T W O C J R H Ü A R E A T S
X S X U K E Y D K Y V K T L S P
C R B F É K S X É G P E I O E W
U R V T T Z A F S B M N B D U G
Y N I A Á Z F Y E N E Z E S Z Z
N O Z Y J J L E K G N X P R B T
G Y E R M E K E K J Z D X Y D J
```

FORRÓ	JÁTÉKOK
KÉSEK	ZÖLDSÉGEK
EBÉD	ZENE
VACSORA	HAGYMA
GYERMEKEK	BORS
NYÁR	CSIRKE
ÉHSÉG	SALÁTÁK
CSALÁD	SZÓSZ
GYÜMÖLCS	SÓ
GRILL	PARADICSOM

95 - Ferme #1

```
H  K  V  B  E  I  T  C  T  Ú  J  R  O  B  R  P
R  E  I  Ö  E  K  F  Ú  M  V  Y  I  N  E  M  F
T  R  Ó  L  K  W  G  C  J  E  T  Z  É  M  É  H
H  Í  C  É  S  Z  A  M  Á  R  Z  S  H  G  H  U
G  T  Y  N  C  A  Y  T  U  K  A  Ő  E  K  T  Z
C  É  O  Y  E  R  G  T  J  D  K  V  T  H  G  Y
N  S  B  E  K  V  Á  J  I  B  S  M  K  P  S  P
K  X  C  R  R  F  R  J  L  O  C  S  S  I  F  C
K  H  Y  P  V  P  T  L  V  I  A  N  É  Z  S  Y
C  A  U  F  V  W  E  O  C  O  M  N  I  B  F  Z
Y  X  U  L  R  U  Z  H  Y  S  K  G  Y  V  D  G
F  J  E  A  P  V  Í  Z  U  X  I  W  B  C  D  N
A  J  J  K  M  O  J  K  K  A  T  R  H  A  L  W
G  D  C  U  F  G  I  U  N  Y  Á  J  K  R  P  G
M  E  Z  Ő  G  A  Z  D  A  S  Á  G  A  E  L  G
W  E  V  J  O  T  X  Z  W  W  R  I  L  N  M  J
```

MÉH
MEZŐGAZDASÁG
SZAMÁR
BÖLÉNY
MEZŐ
MACSKA
LÓ
KECSKE
KUTYA
KERÍTÉS

VARJÚ
VÍZ
TRÁGYA
SZÉNA
MÉZ
CSIRKE
RIZS
NYÁJ
TEHÉN
BORJÚ

96 - Café

```
C U K O R T A E O N L X S E T S
X U A T Z E V P Ö R K Ö L T E A
F O L Y A D É K Z D P G E E J V
V L D X Z E W E C A M D G K I A
A R O M A R K D D R Á R G E I S
F E C Y E E N O Y Á U M E F T I
T E S T Y B Z S F L O Y R M A D
L X É L H L U A W F K F F A L R
K T S R B A X Í Z G E A X J H J
U M Z N A M F A J T A I C C V T
K X E P C I S J U N Z N N Z C E
D V R S G T G S J S E X O C M A
B G G I R M W Z Í V V V Y V L C
H O K R K M É Ű G I I U G G V O
R J G L L J P R I P S F K K E L
T Y N H I J X Ő K E S E R Ű V H
```

SAVAS   REGGEL
KESERŰ   DARÁL
AROMA   FEKETE
ITAL   EREDET
KOFFEIN   ÁR
KRÉM   PÖRKÖLT
VÍZ   ÍZ
SZŰRŐ   CUKOR
TEJ   CSÉSZE
FOLYADÉK   FAJTA

97 - Antarctique

```
H T O P O G R Á F I A Z Z X T B
G Ő T H R Y X F P C C R U W C A
L O M E V D S K F O T R P P E S
E L K É K U T A T Ó Y S R A K X
C G K A R A D A M Ó J É G Y R H
C R Z W E S T E G I Z S L É F H
S I S Z S É É V C C K Á J Ö I O
E L O J N Z F K W Í G L C T B F
R Z Y A E R B Ő L D K K U I S Ö
E B N R N Ő L H A E V I M D O U
K G Á D I G L L J P T Z G D W B
X G M L T E A E V X X S O A C C
Z F O Ö N M M F K E T E G I Z S
S M D F O Á X B V Í Z G H C B W
U T U Y K M K M I G R Á C I Ó W
Z I T K Ö R N Y E Z E T T N L Z
```

ÖBÖL	GLECCSEREK
BÁLNÁK	SZIGETEK
KUTATÓ	MIGRÁCIÓ
MEGŐRZÉS	FELHŐK
KONTINENS	MADARAK
VÍZ	FÉLSZIGET
KÖRNYEZET	SZIKLÁS
EXPEDÍCIÓ	TUDOMÁNYOS
FÖLDRAJZ	HŐMÉRSÉKLET
JÉG	TOPOGRÁFIA

98 - Professions #2

```
M D M G D T Z R O S O E F S E I
F O G O R V O S P U J A I E M L
Ú J S Á G Í R Ó H G X P L B A L
Ő T S E F D E S W Ó R I O É R U
B I O L Ó G U S M L B L Z S I S
K W R F Z M O H F O J Ó Ó Z N Z
C Y Á H O D É R P O A T F N S T
D T T Y M C L R V Z T A U G T R
D O V P O U M O N O F Ó S K A Á
E B Y U Y F I N V Ö S T S E N T
G D N U N I M N V G K A Ó R Á O
J B Ö N Y E L V É S Z T J T R R
Z T K H D A W Y F J A U A É H I
F E L T A L Á L Ó H X K H S G X
G A I O X X G E W T K D R Z Y R
N A T Z M G K V C F L W Ű O J A
```

ŰRHAJÓS
KÖNYVTÁROS
BIOLÓGUS
KUTATÓ
SEBÉSZ
FOGORVOS
NYOMOZÓ
TANÁR
ILLUSZTRÁTOR
MÉRNÖK

FELTALÁLÓ
KERTÉSZ
ÚJSÁGÍRÓ
NYELVÉSZ
ORVOS
FESTŐ
FILOZÓFUS
FOTÓS
PILÓTA
ZOOLÓGUS

99 - Les Abeilles

```
F  P  W  F  S  E  L  Ő  N  Y  Ö  S  J  A  L  R
C  Y  M  A  K  O  E  S  V  M  P  X  O  C  T  O
S  G  Á  R  I  V  K  E  Y  N  É  V  Ö  N  N  V
V  V  N  W  R  P  O  F  D  K  S  C  M  G  D  A
T  S  Ü  F  Á  R  G  T  É  X  Z  H  Z  S  N  R
R  O  G  P  L  S  Á  C  Y  L  E  H  Ő  L  É  A
E  A  D  O  Y  V  R  G  I  O  E  F  M  R  N  L
K  G  J  L  N  F  I  J  O  V  U  S  I  W  D  G
K  D  A  L  Ő  L  V  A  M  I  P  V  É  T  S  Y
O  E  R  E  D  F  H  R  S  C  R  J  A  G  Z  Ü
O  T  B  N  C  D  O  V  F  Z  R  U  I  P  Á  M
É  L  E  L  M  I  S  Z  E  R  Á  O  D  Z  R  Ö
K  D  Ö  K  O  S  Z  I  S  Z  T  É  M  A  N  L
T  K  W  T  M  O  G  M  É  Z  P  A  N  J  Y  C
V  Y  Z  T  V  S  Z  R  O  R  A  T  V  W  A  S
U  F  C  M  Z  Y  C  P  G  L  K  Y  J  B  K  I
```

SZÁRNYAK	ÉLŐHELY
ELŐNYÖS	ROVAR
VIASZ	KERT
SOKFÉLESÉG	MÉZ
RAJ	ÉLELMISZER
ÖKOSZISZTÉMA	NÖVÉNYEK
VIRÁG	POLLEN
VIRÁGOK	KIRÁLYNŐ
GYÜMÖLCS	KAPTÁR
FÜST	NAP

100 - Santé et Bien Être #2

```
P  U  J  R  V  B  A  F  G  F  M  I  Z  Z  D  T
G  A  A  T  W  N  I  M  A  T  I  V  Y  Y  X  Á
B  B  Y  N  O  Y  R  B  F  B  C  X  K  C  A  P
U  J  X  K  N  I  Ó  R  T  L  M  K  P  G  L  L
Y  G  Á  V  T  É  L  A  C  O  T  E  H  E  L  Á
V  É  R  S  Á  D  A  R  Á  Z  S  I  K  N  E  L
E  S  N  Z  X  U  K  N  K  I  E  V  F  E  R  K
G  G  S  Á  X  E  L  R  A  Ó  T  T  A  T  G  O
É  E  F  Z  H  I  N  I  B  T  R  Z  F  I  I  Z
S  T  Z  S  S  E  R  T  S  D  Ó  H  B  K  A  Á
Z  E  D  S  É  Z  Ő  T  R  E  F  M  Á  A  X  S
S  B  K  A  I  N  É  I  G  I  H  R  I  Z  V  D
É  S  L  M  V  D  Y  P  W  S  K  B  B  A  J  Y
G  V  O  W  T  K  A  F  E  L  É  P  Ü  L  É  S
E  S  Ú  L  Y  A  W  G  E  N  E  R  G  I  A  N
S  U  Z  O  P  K  V  R  X  I  K  K  B  W  P  Y
```

ALLERGIA	FERTŐZÉS
ANATÓMIA	BETEGSÉG
ÉTVÁGY	MASSZÁZS
KALÓRIA	TÁPLÁLKOZÁS
TEST	SÚLY
KISZÁRADÁS	FELÉPÜLÉS
ENERGIA	EGÉSZSÉGES
GENETIKA	VÉR
KÓRHÁZ	STRESSZ
HIGIÉNIA	VITAMIN

1 - Conduite

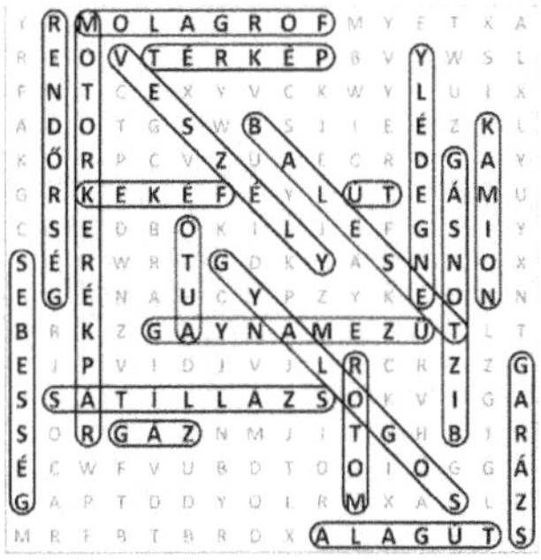

2 - Plantes

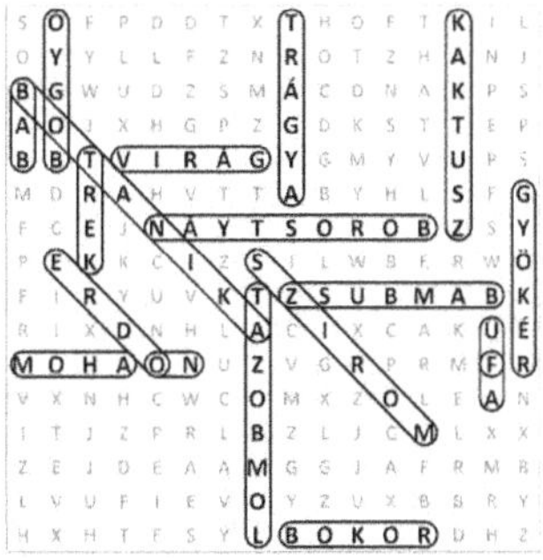

3 - Ferme #2

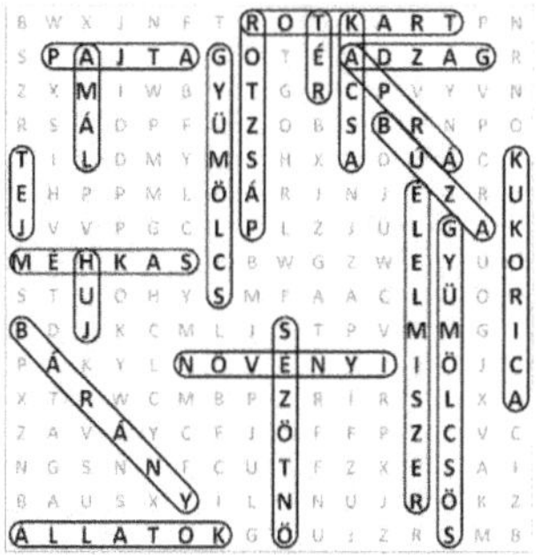

4 - Vacances #2

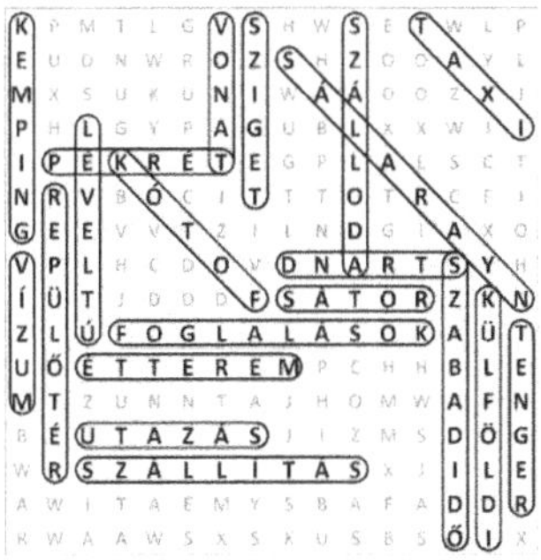

5 - Temps

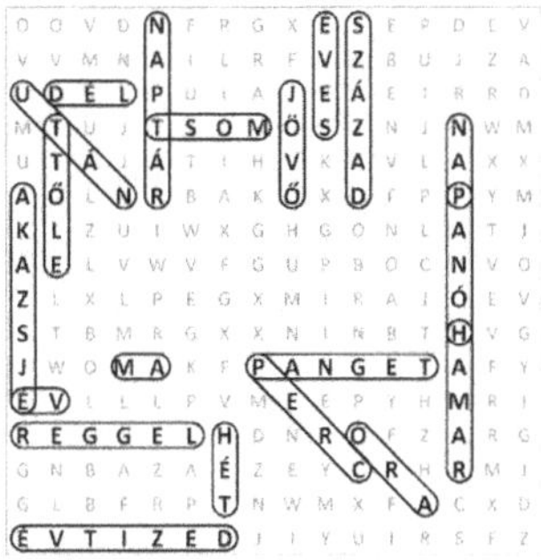

6 - Maison

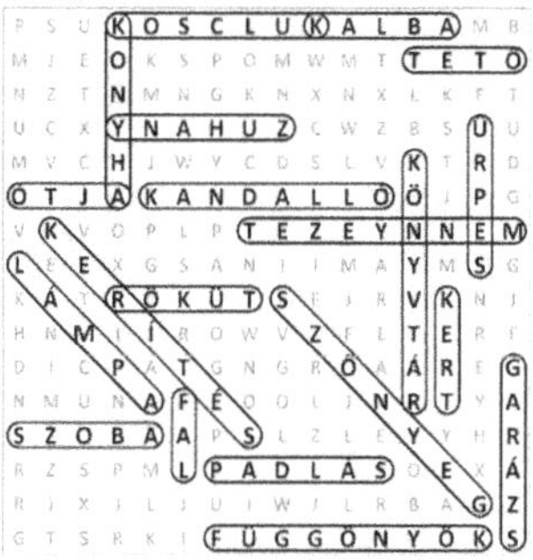

7 - Légumes

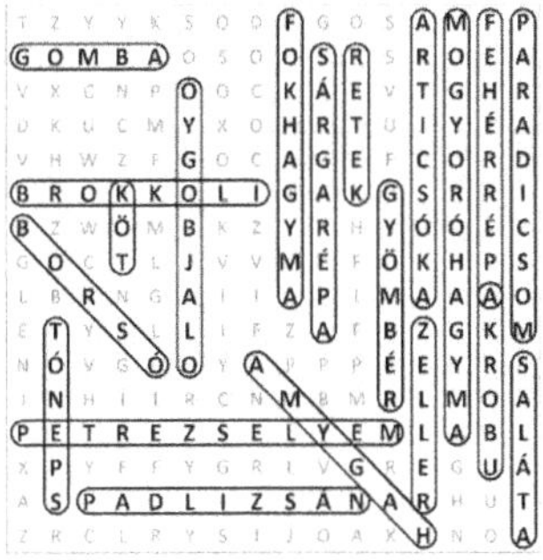

8 - Famille

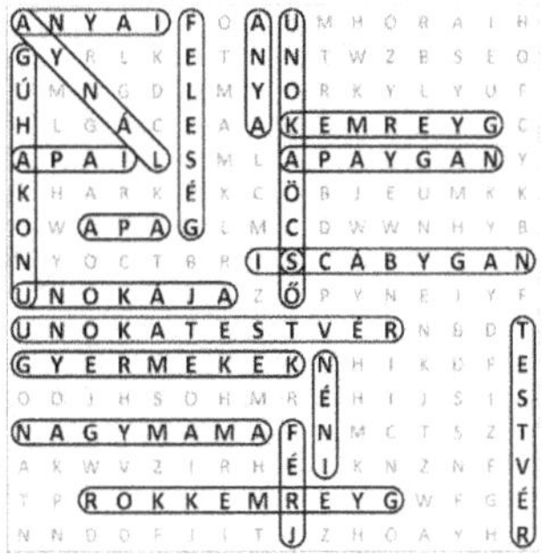

9 - Oiseaux

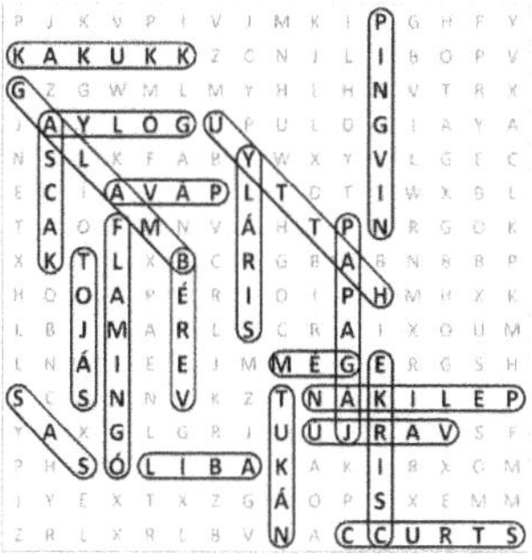

10 - Disciplines Scientifiques

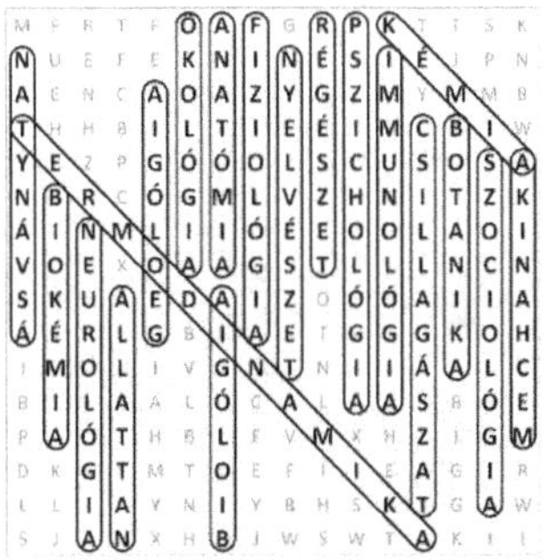

11 - Maladie

12 - Univers

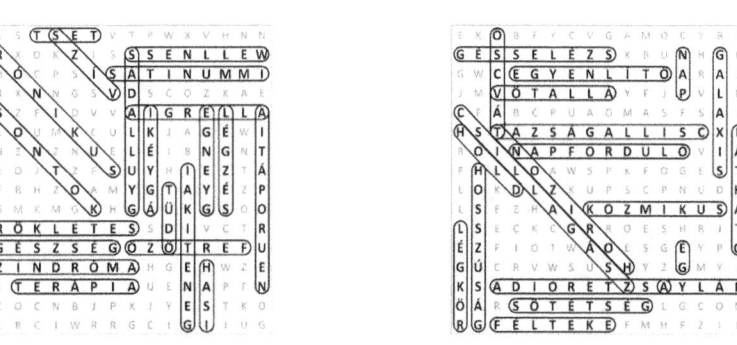

13 - Géographie

14 - Bâtiments

15 - Activités et Loisirs

16 - Livres

17 - Pays #2

18 - Fournitures d'Art

19 - Eau

20 - Jazz

21 - Paysages

22 - Pays #1

23 - Nombres

24 - Psychologie

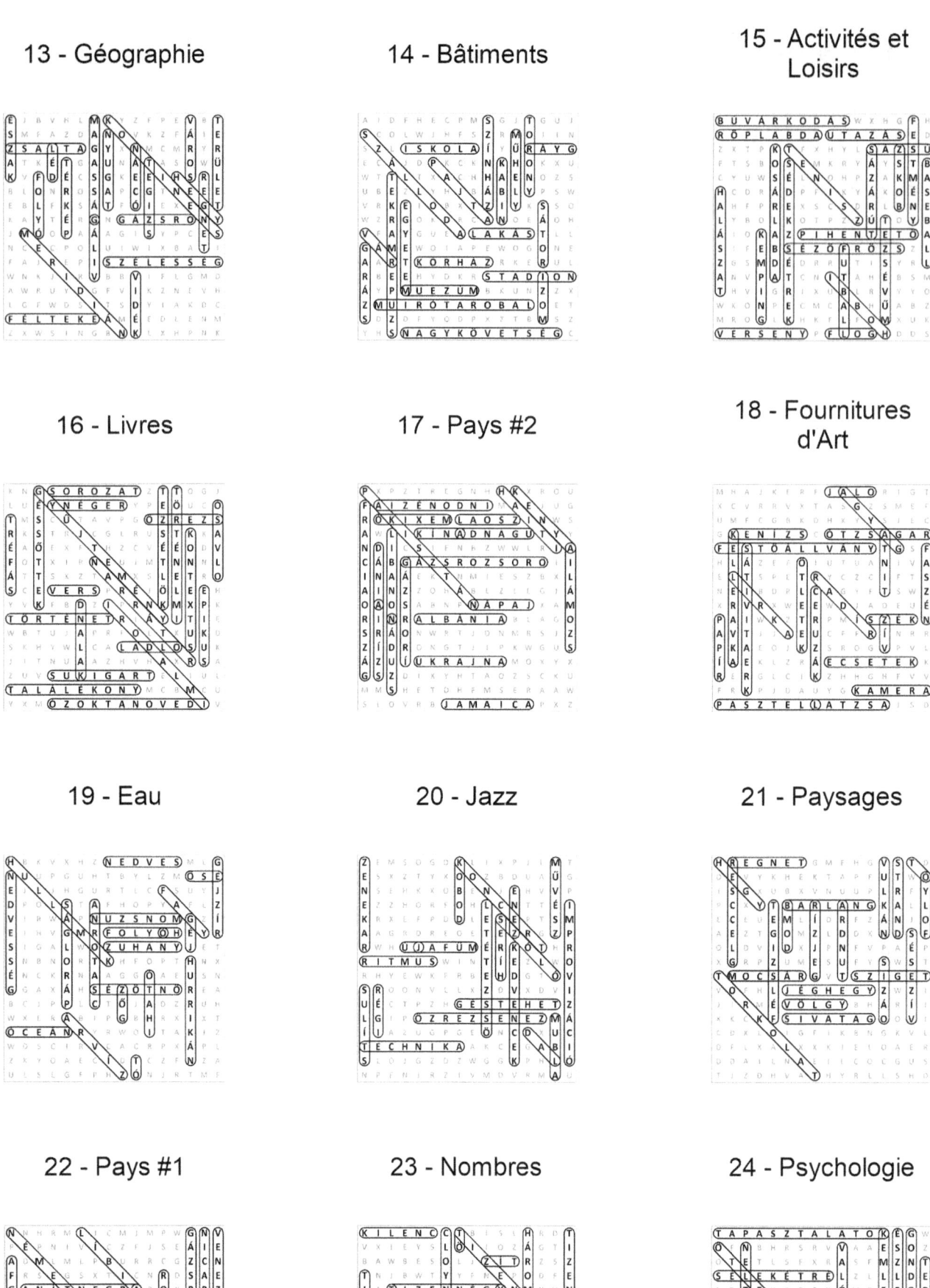

25 - Nature

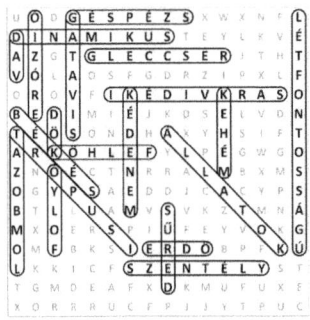

26 - Chimie

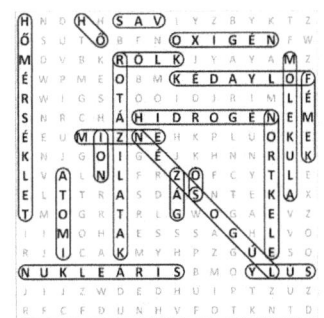

27 - Bateaux

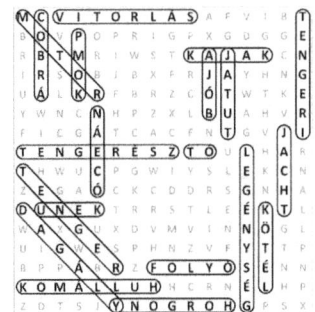

28 - Mesures

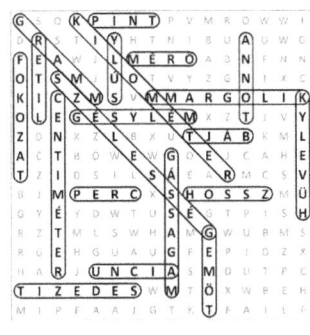

29 - Adjectifs #2

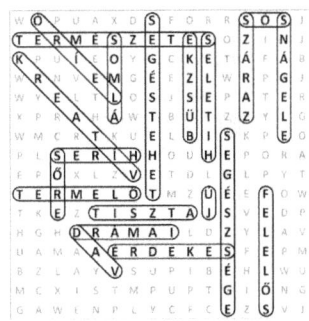

30 - Formes

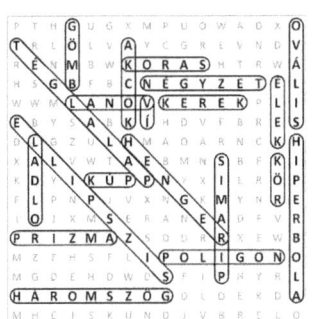

31 - Force et Gravité

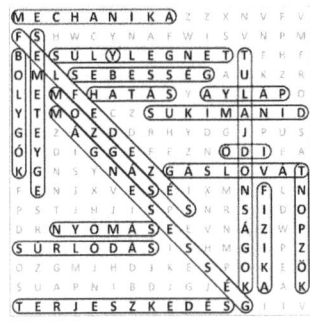

32 - Adjectifs #1

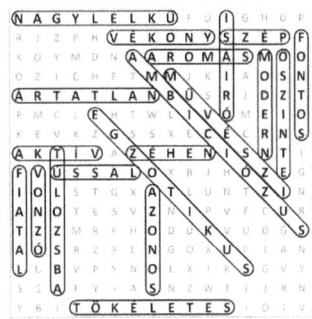

33 - Instruments de Musique

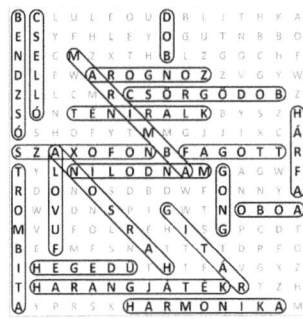

34 - Échecs

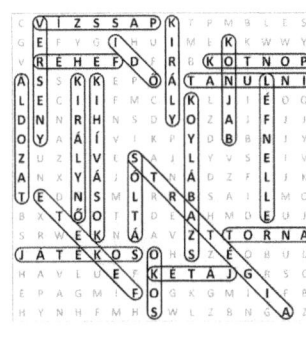

35 - Herboristerie

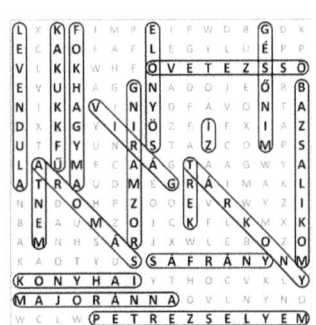

36 - Véhicules

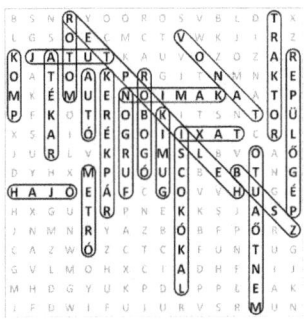

37 - Camping

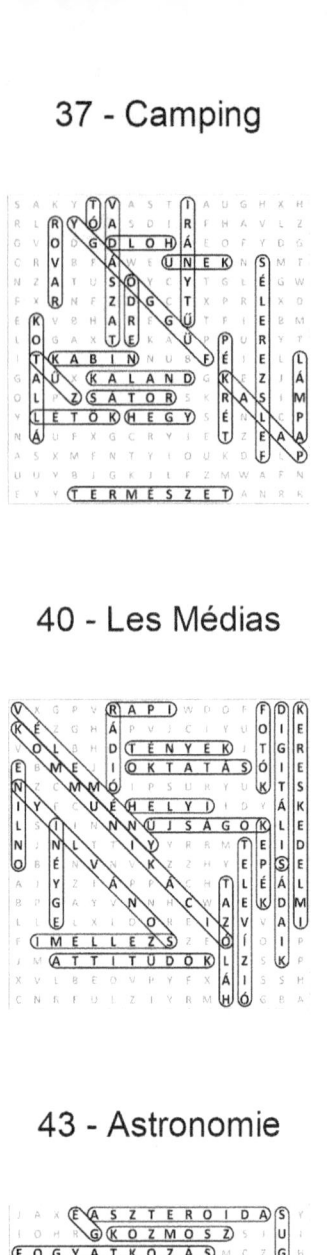

38 - Écologie

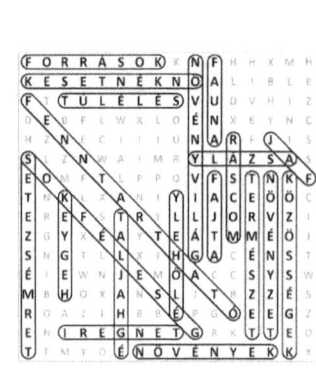

39 - Géométrie

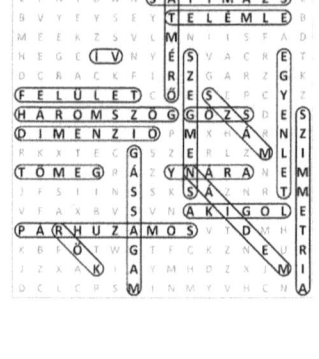

40 - Les Médias

41 - Philanthropie

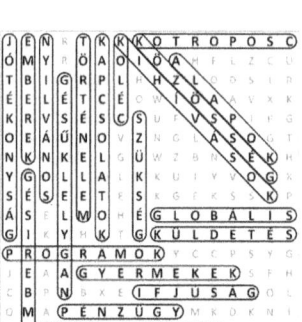

42 - Diplomatie

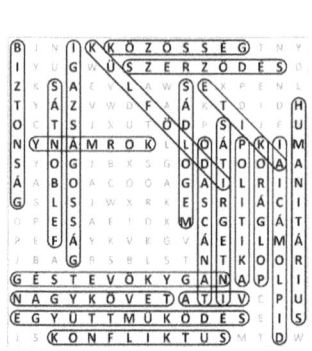

43 - Astronomie

44 - Physique

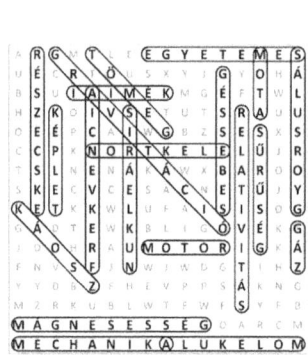

45 - Types de Cheveux

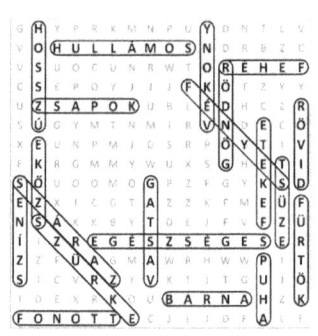

46 - Archéologie

47 - Mammifères

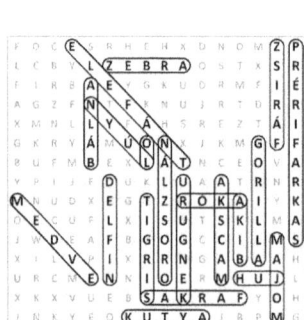

48 - Mathématiques

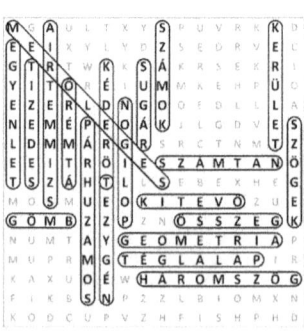

49 - Sport

50 - Mythologie

51 - Restaurant #2

52 - Avions

53 - Aventure

54 - Ville

55 - Ingénierie

56 - Énergie

57 - Corps Humain

58 - Biologie

59 - Épices

60 - Agronomie

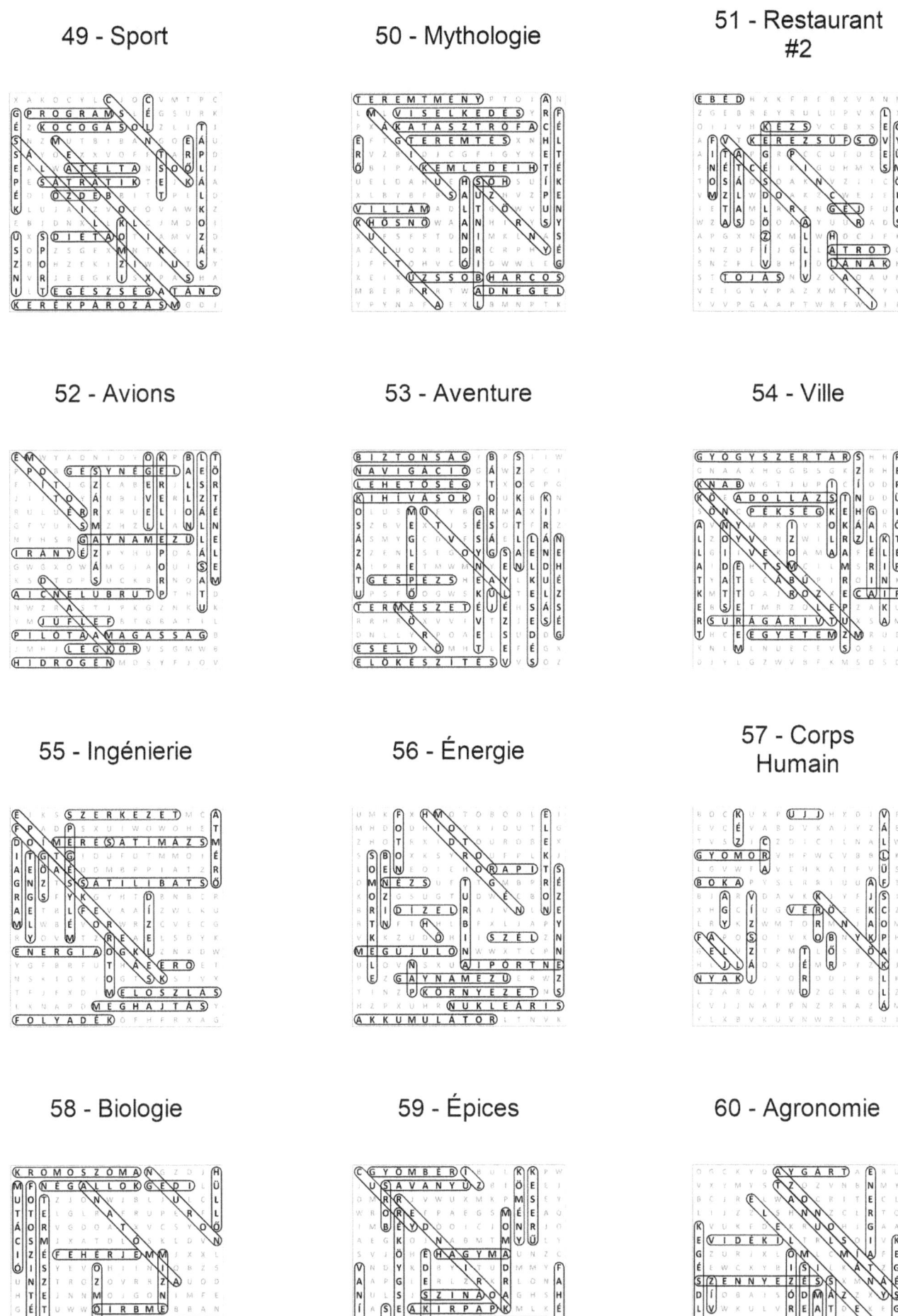

61 - Science

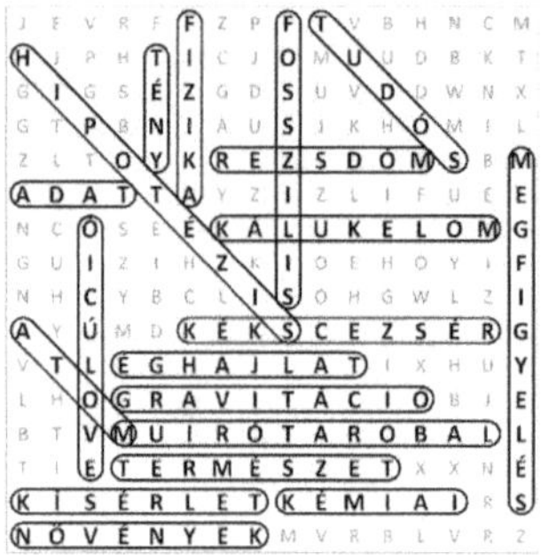

REZSDOMS · ADAT · KÁLIUKELOM · KÉKSCEZSÉR · EGHAJLAT · GRAVITÁCIÓ · MUIRÓTAROBAL · TERMÉSZET · KÍSÉRLET · KÉMIA · NÖVÉNYEK

62 - Vêtements

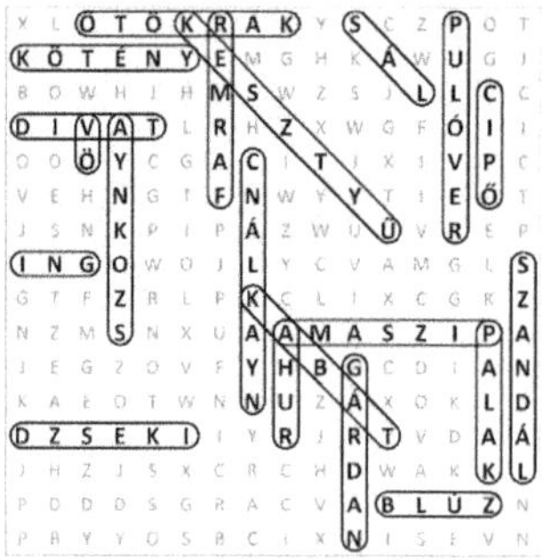

ÖTÖKRAK · KÖTÉNY · DIVAT · INGO · AMASZIP · DZSEKI · BLÚZ

63 - Arts Visuels

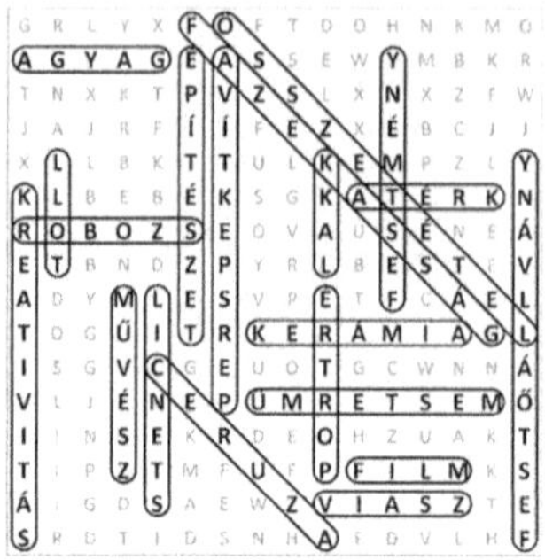

AGYAG · ROBOZS · KATTERK · KERÁMIA · ÜMRETSEM · FILM · VIASZ

64 - Méditation

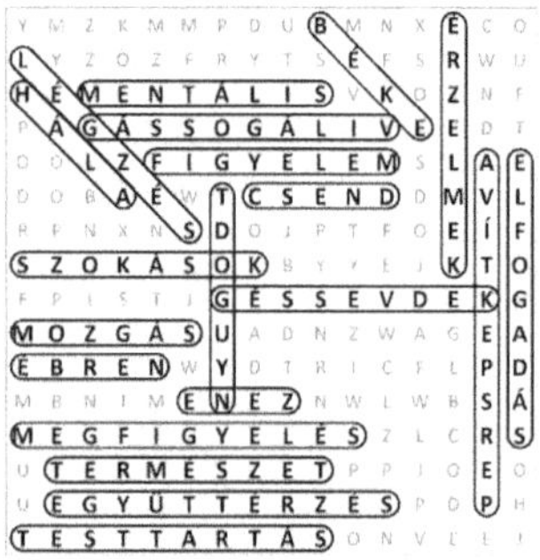

MENTÁLIS · ÁGÁSSOGÁLIVE · ZFIGYELEM · CSEND · SZOKÁSOK · GÉSSEVDEK · MOZGÁS · ÉBREN · ENEZ · MEGFIGYELÉS · TERMÉSZET · EGYÜTTÉRZÉS · TESTTARTÁS

65 - Littérature

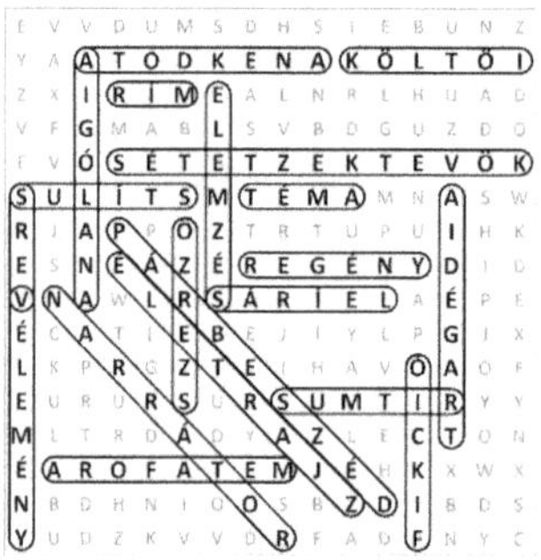

ATODKENA · KÖLTŐI · RIM · SÉTETZEKTEVÖK · SULÍTS · TÉMA · NÉAZÉ · REGÉNY · SÁRIE · RSUMTIR · AROFATEMJÉ

66 - Nourriture #1

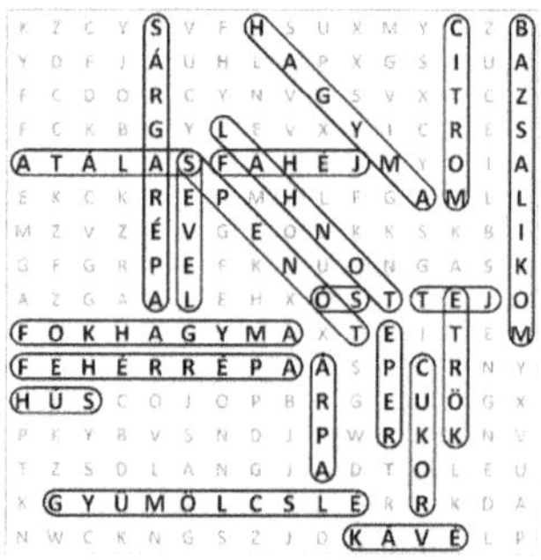

ATÁLAS · FAHÉJ · ÖSTEJ · FOKHAGYMA · FEHÉRRÉPA · HÚS · GYÜMÖLCSLE · KÁVÉ

67 - Jours et Mois

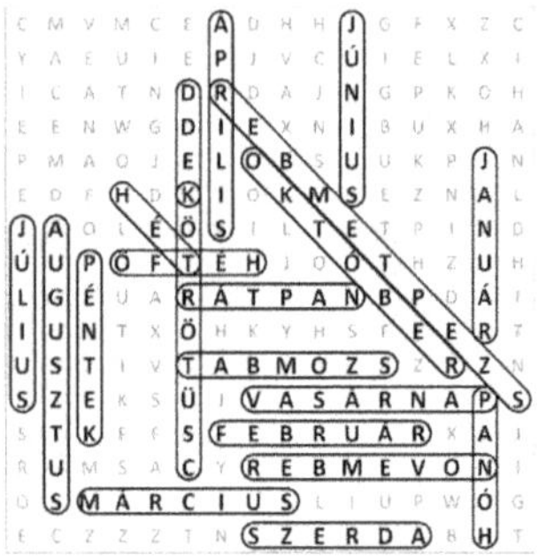

FÖTÉH · RÁTPAN · TABMOZS · VASÁRNAP · FEBRUÁR · REBMEVON · MÁRCIUS · SZERDA

68 - Jardinage

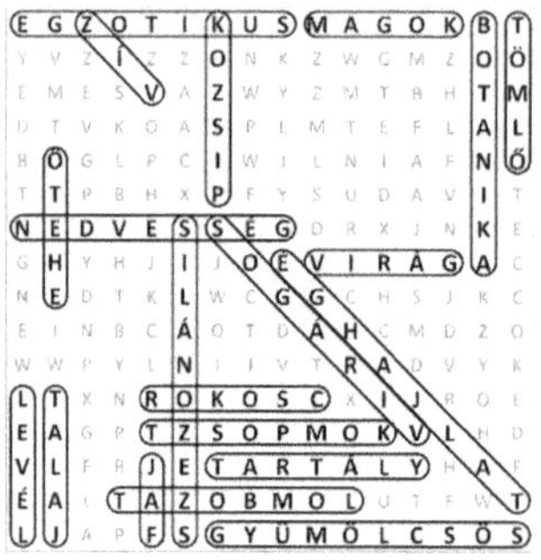

EGZOTIKUS · MAGOK · BOTANIKA · NEDVESSÉG · VIRÁG · ROKOSC · TZSOPMOK · TARTÁLY · TAZOBMOL · GYÜMÖLCSÖS

69 - Entreprise

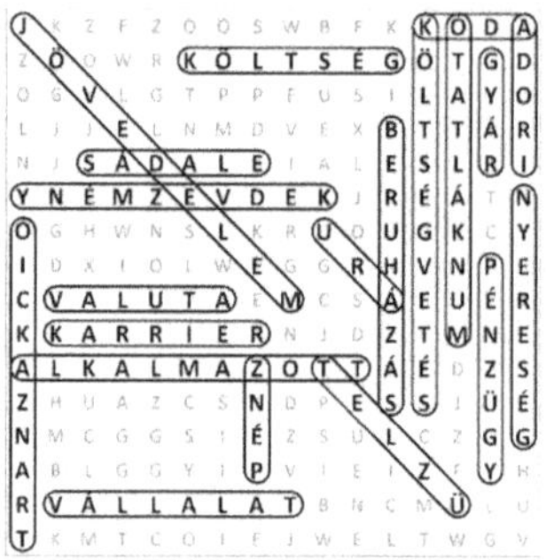

KODA · KÖLTSÉG · SÁDALE · YNÉMZÉVDEK · VALUTA · KARRIER · ALKALMAZOTT · VÁLLALAT

70 - Activités

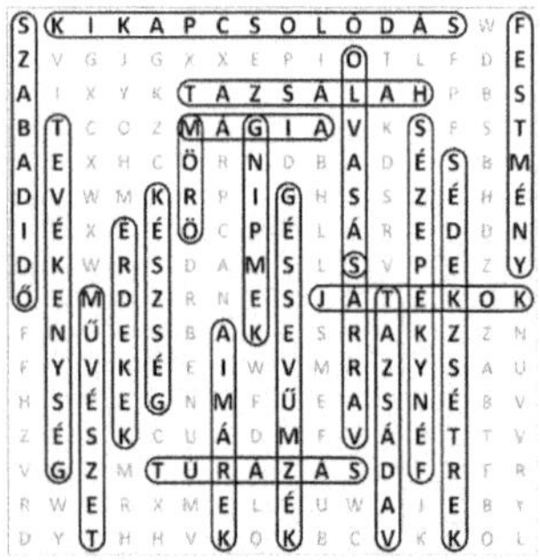

KIKAPCSOLÓDÁS · TAZSÁLAH · MÁGIA · JÁTÉKOK · TURAZAS

71 - Mode

STÍLUS · NÁGÉLE · GYAKORLAT · ÁGARDKIFINOMULT · GOMBOK · SZERÉNY · TAZYNÉVR · ATSILANIM · MEGFIZETHETŐ

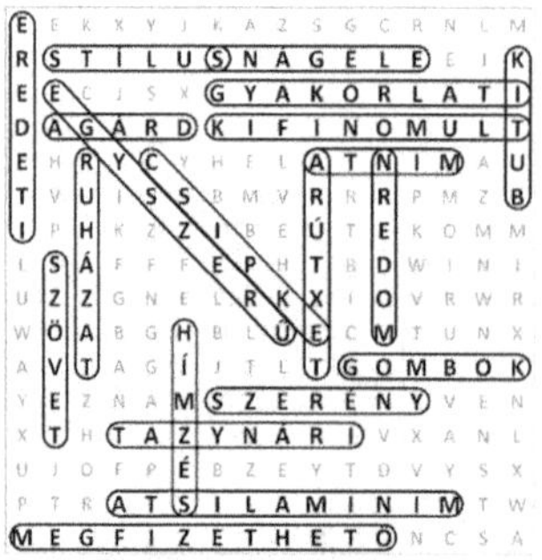

72 - Fleurs

ROKOSC · GARDÉNIA · PITYPANG · MORIZS · RÓZSA · HIBISZKUSZ

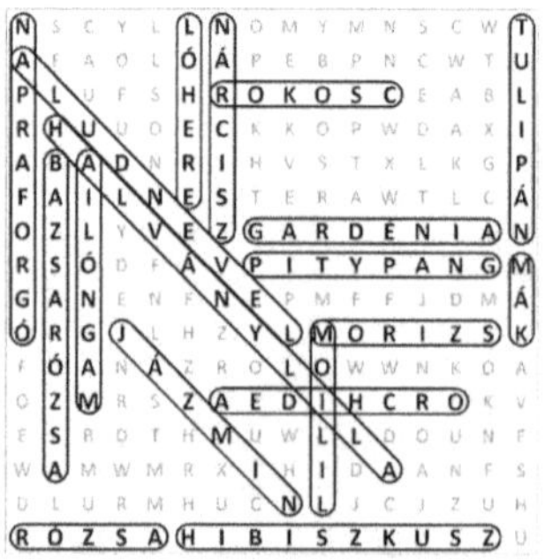

73 - Nourriture #2

74 - Algèbre

75 - Océan

76 - Remplir

77 - Antiquités

78 - Boxe

79 - Réchauffement Cli

80 - Ballet

81 - Fruit

82 - Technologie

83 - Musique

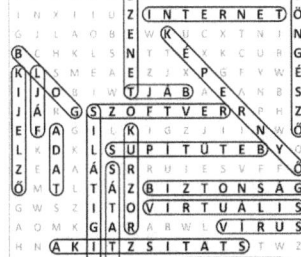

84 - L'Entreprise

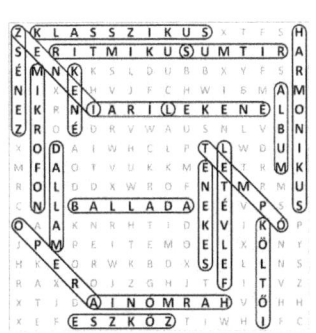

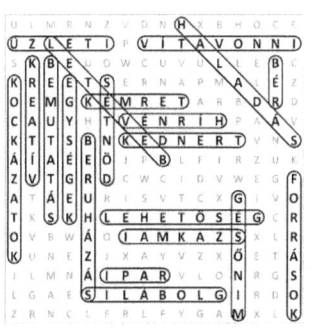

85 - Gouvernement

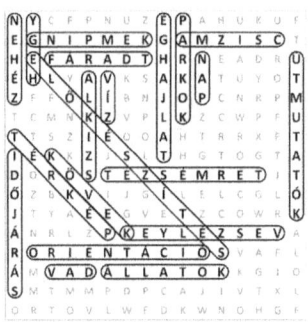

86 - Randonnée

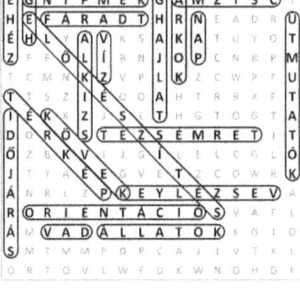

87 - Nutrition

88 - Créativité

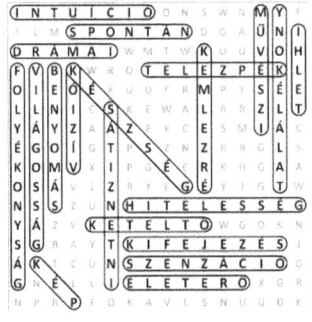

89 - Science Fiction

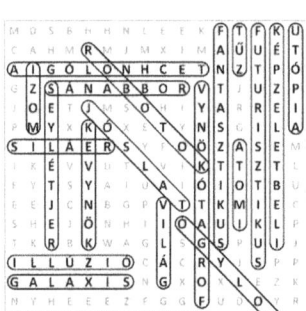

90 - Professions #1

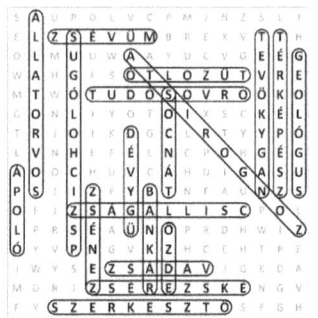

91 - Géologie

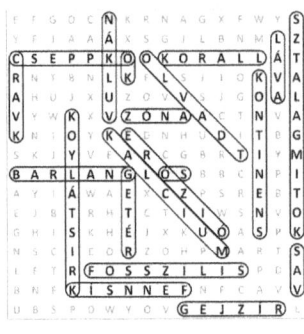

92 - Jardin

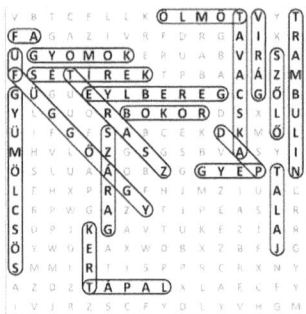

93 - Santé et Bien Être #1

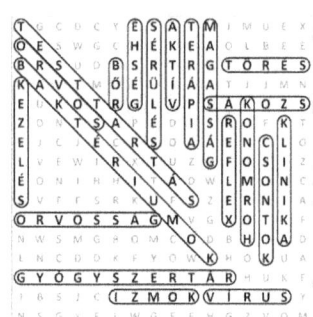

94 - Barbecues

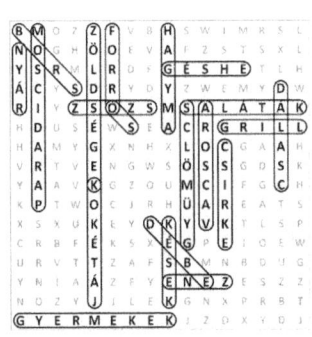

95 - Ferme #1

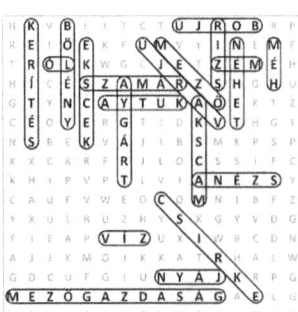

96 - Café

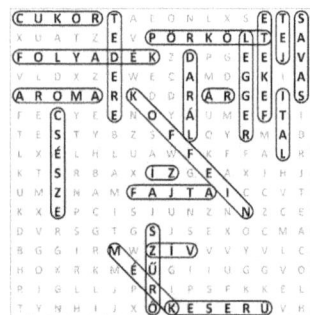

97 - Antarctique

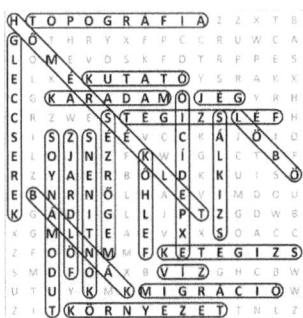

98 - Professions #2

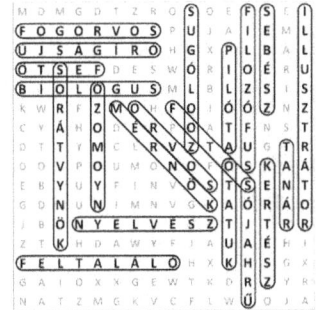

99 - Les Abeilles

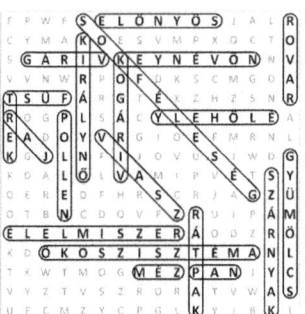

100 - Santé et Bien Être #2

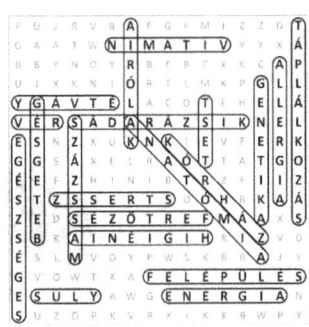

Dictionnaire

Activités
Tevékenységek

Activité	Tevékenység
Art	Művészet
Artisanat	Kézművesség
Camping	Kemping
Céramique	Kerámia
Chasse	Vadászat
Compétence	Készség
Couture	Varrás
Intérêts	Érdekek
Jardinage	Kertészkedés
Jeux	Játékok
Lecture	Olvasás
Loisir	Szabadidő
Magie	Mágia
Peinture	Festmény
Pêche	Halászat
Photographie	Fényképezés
Plaisir	Öröm
Randonnée	Túrázás
Relaxation	Kikapcsolódás

Activités et Loisirs
Tevékenységek és Szabadi

Art	Művészet
Base-Ball	Baseball
Basket-Ball	Kosárlabda
Boxe	Boksz
Camping	Kemping
Course	Verseny
Football	Futball
Golf	Golf
Jardinage	Kertészkedés
Nager	Úszás
Passe-Temps	Hobbi
Peinture	Festmény
Pêche	Halászat
Plongée	Búvárkodás
Randonnée	Túrázás
Relaxant	Pihentető
Surf	Szörfözés
Tennis	Tenisz
Volley-Ball	Röplabda
Voyage	Utazás

Adjectifs #1
Melléknevek #1

Absolu	Abszolút
Actif	Aktív
Ambitieux	Ambiciózus
Aromatique	Aromás
Artistique	Művészi
Attractif	Vonzó
Beau	Szép
Exotique	Egzotikus
Énorme	Óriási
Généreux	Nagylelkű
Honnête	Őszinte
Identique	Azonos
Important	Fontos
Innocent	Ártatlan
Jeune	Fiatal
Lent	Lassú
Lourd	Nehéz
Mince	Vékony
Moderne	Modern
Parfait	Tökéletes

Adjectifs #2
Melléknevek #2

Authentique	Hiteles
Célèbre	Híres
Créatif	Kreatív
Descriptif	Leíró
Doué	Tehetséges
Dramatique	Drámai
Élégant	Elegáns
Fier	Büszke
Fort	Erős
Intéressant	Érdekes
Naturel	Természetes
Nouveau	Új
Productif	Termelő
Pur	Tiszta
Responsable	Felelős
Sain	Egészséges
Salé	Sós
Sauvage	Vad
Sec	Száraz
Somnolent	Álmos

Agronomie
Agronómia

Agriculture	Mezőgazdaság
Croissance	Növekedés
Eau	Víz
Engrais	Trágya
Environnement	Környezet
Écologie	Ökológia
Énergie	Energia
Érosion	Erózió
Étude	Tanulmány
Graines	Magok
Identification	Azonosítás
Légumes	Zöldségek
Maladies	Betegségek
Nourriture	Élelmiszer
Pollution	Szennyezés
Production	Termelés
Recherche	Kutatás
Rural	Vidéki
Science	Tudomány
Systèmes	Rendszerek

Algèbre
Algebra

Diagramme	Diagram
Exposant	Kitevő
Équation	Egyenlet
Facteur	Tényező
Faux	Hamis
Formule	Képlet
Fraction	Töredék
Graphique	Grafikon
Infini	Végtelen
Linéaire	Lineáris
Matrice	Mátrix
Nombre	Szám
Parenthèse	Zárójel
Problème	Probléma
Quantité	Mennyiség
Simplifier	Egyszerűsítés
Solution	Megoldás
Soustraction	Kivonás
Variable	Változó
Zéro	Nulla

Antarctique
Antarktisz

Baie	Öböl
Baleines	Bálnák
Chercheur	Kutató
Conservation	Megőrzés
Continent	Kontinens
Eau	Víz
Environnement	Környezet
Expédition	Expedíció
Géographie	Földrajz
Glace	Jég
Glaciers	Gleccserek
Îles	Szigetek
Migration	Migráció
Nuage	Felhők
Oiseaux	Madarak
Péninsule	Félsziget
Rocheux	Sziklás
Scientifique	Tudományos
Température	Hőmérséklet
Topographie	Topográfia

Antiquités
Régiségek

Art	Művészet
Authentique	Hiteles
Bijoux	Ékszerek
Décoratif	Dekoratív
Enchères	Árverés
Élégant	Elegáns
Galerie	Galéria
Inhabituel	Szokatlan
Investissement	Beruházás
Meubles	Bútor
Peintures	Festmények
Pièces	Érmék
Prix	Ár
Qualité	Minőség
Restauration	Helyreállítás
Sculpture	Szobor
Siècle	Század
Style	Stílus
Valeur	Érték
Vieux	Régi

Archéologie
Régészet

Analyse	Elemzés
Antiquité	Ókor
Chercheur	Kutató
Civilisation	Civilizáció
Descendant	Leszármazott
Expert	Szakértő
Ère	Korszak
Équipe	Csapat
Évaluation	Értékelés
Fossile	Fosszilis
Inconnu	Ismeretlen
Mystère	Rejtély
Objets	Objektumok
Os	Csontok
Oublié	Elfelejtett
Poterie	Fazekasság
Professeur	Professzor
Relique	Ereklye
Temple	Templom
Tombe	Sír

Arts Visuels
Vizuális Művészetek

Architecture	Építészet
Argile	Agyag
Artiste	Művész
Céramique	Kerámia
Chef-D'Œuvre	Mestermű
Chevalet	Festőállvány
Cire	Viasz
Composition	Összetétel
Craie	Kréta
Crayon	Ceruza
Créativité	Kreativitás
Film	Film
Peinture	Festmény
Perspective	Perspektíva
Pochoir	Stencil
Portrait	Portré
Poterie	Fazekasság
Sculpture	Szobor
Stylo	Toll
Vernis	Lakk

Astronomie
Csillagászat

Astéroïde	Aszteroida
Astronaute	Űrhajós
Astronome	Csillagász
Ciel	Ég
Constellation	Csillagkép
Cosmos	Kozmosz
Éclipse	Fogyatkozás
Fusée	Rakéta
Galaxie	Galaxis
Lune	Hold
Météore	Meteor
Nébuleuse	Ködfolt
Planète	Bolygó
Radiation	Sugárzás
Satellite	Műhold
Supernova	Szupernóva
Terre	Föld
Télescope	Távcső
Univers	Univerzum
Zodiaque	Állatöv

Aventure
Kaland

Activité	Tevékenység
Beauté	Szépség
Bravoure	Bátorság
Chance	Esély
Dangereux	Veszélyes
Défis	Kihívások
Difficulté	Nehézség
Enthousiasme	Lelkesedés
Excursion	Kirándulás
Inhabituel	Szokatlan
Itinéraire	Útvonal
Joie	Öröm
Nature	Természet
Navigation	Navigáció
Nouveau	Új
Opportunité	Lehetőség
Préparation	Előkészítés
Sécurité	Biztonság
Surprenant	Meglepő
Voyages	Utazások

Avions
Repülőgépek

Air	Levegő
Atmosphère	Légkör
Atterrissage	Leszállás
Aventure	Kaland
Ballon	Ballon
Carburant	Üzemanyag
Ciel	Ég
Construction	Építés
Descente	Származás
Direction	Irány
Équipage	Legénység
Gonfler	Felfúj
Hauteur	Magasság
Hélices	Propellerek
Histoire	Történelem
Hydrogène	Hidrogén
Moteur	Motor
Passager	Utas
Pilote	Pilóta
Turbulence	Turbulencia

Ballet
Balett

Applaudissement	Taps
Artistique	Művészi
Ballerine	Balerina
Chorégraphie	Koreográfia
Compétence	Készség
Compositeur	Zeneszerző
Danseurs	Táncosok
Expressif	Kifejező
Geste	Gesztus
Gracieux	Kecses
Intensité	Intenzitás
Muscles	Izmok
Musique	Zene
Orchestre	Zenekar
Public	Közönség
Répétition	Próba
Rythme	Ritmus
Solo	Szóló
Style	Stílus
Technique	Technika

Barbecues
Grillezés

Chaud	Forró
Couteaux	Kések
Déjeuner	Ebéd
Dîner	Vacsora
Enfants	Gyermekek
Été	Nyár
Faim	Éhség
Famille	Család
Fruit	Gyümölcs
Gril	Grill
Jeux	Játékok
Légumes	Zöldségek
Musique	Zene
Oignons	Hagyma
Poivre	Bors
Poulet	Csirke
Salades	Saláták
Sauce	Szósz
Sel	Só
Tomates	Paradicsom

Bateaux
Csónakok

Ancre	Horgony
Bouée	Bója
Canoë	Kenu
Corde	Kötél
Équipage	Legénység
Ferry	Komp
Fleuve	Folyó
Kayak	Kajak
Lac	Tó
Marée	Dagály
Marin	Tengerész
Mât	Árboc
Mer	Tenger
Moteur	Motor
Nautique	Tengeri
Océan	Óceán
Radeau	Tutaj
Vagues	Hullámok
Voilier	Vitorlás
Yacht	Jacht

Bâtiments
Épületek

Ambassade	Nagykövetség
Appartement	Lakás
Atelier	Műhely
Cabine	Kabin
Château	Vár
Cinéma	Mozi
École	Iskola
Garage	Garázs
Grange	Pajta
Hôpital	Kórház
Hôtel	Szálloda
Laboratoire	Laboratórium
Musée	Múzeum
Stade	Stadion
Supermarché	Szupermarket
Tente	Sátor
Théâtre	Színház
Tour	Torony
Université	Egyetem
Usine	Gyár

Biologie
Biológia

Anatomie	Anatómia
Bactéries	Baktériumok
Cellule	Sejt
Chromosome	Kromoszóma
Collagène	Kollagén
Embryon	Embrió
Enzyme	Enzim
Évolution	Evolúció
Hormone	Hormon
Mammifère	Emlős
Mutation	Mutáció
Naturel	Természetes
Nerf	Ideg
Neurone	Neuron
Osmose	Ozmózis
Photosynthèse	Fotoszintézis
Protéine	Fehérje
Reptile	Hüllő
Symbiose	Szimbiózis
Synapse	Szinapszis

Boxe
Boksz

Adversaire	Ellenfél
Arbitre	Játékvezető
Blessures	Sérülések
Cloche	Harang
Coin	Sarok
Combattant	Harcos
Compétence	Készség
Concentrer	Fókusz
Cordes	Kötelek
Corps	Test
Coude	Könyök
Coup	Rúgás
Épuisé	Kimerült
Force	Erő
Gants	Kesztyű
Menton	Áll
Poing	Ököl
Points	Pontok
Rapide	Gyors
Récupération	Felépülés

Café
Kávé

Acide	Savas
Amer	Keserű
Arôme	Aroma
Boisson	Ital
Caféine	Koffein
Crème	Krém
Eau	Víz
Filtre	Szűrő
Lait	Tej
Liquide	Folyadék
Matin	Reggel
Moudre	Darál
Noir	Fekete
Origine	Eredet
Prix	Ár
Rôti	Pörkölt
Saveur	Íz
Sucre	Cukor
Tasse	Csésze
Variété	Fajta

Camping
Kemping

Animaux	Állatok
Aventure	Kaland
Boussole	Iránytű
Cabine	Kabin
Canoë	Kenu
Carte	Térkép
Chapeau	Kalap
Chasse	Vadászat
Corde	Kötél
Équipement	Felszerelés
Feu	Tűz
Forêt	Erdő
Hamac	Függőágy
Insecte	Rovar
Lac	Tó
Lanterne	Lámpa
Lune	Hold
Montagne	Hegy
Nature	Természet
Tente	Sátor

Chimie
Kémia

Acide	Sav
Alcalin	Lúgos
Atomique	Atomi
Carbone	Szén
Catalyseur	Katalizátor
Chaleur	Hő
Chlore	Klór
Enzyme	Enzim
Électron	Elektron
Gaz	Gáz
Hydrogène	Hidrogén
Ion	Ion
Liquide	Folyadék
Métaux	Fémek
Molécule	Molekula
Nucléaire	Nukleáris
Oxygène	Oxigén
Poids	Súly
Sel	Só
Température	Hőmérséklet

Conduite
Vezetés

Accident	Baleset
Camion	Kamion
Carburant	Üzemanyag
Carte	Térkép
Danger	Veszély
Freins	Fékek
Garage	Garázs
Gaz	Gáz
Licence	Engedély
Moteur	Motor
Moto	Motorkerékpár
Piéton	Gyalogos
Police	Rendőrség
Route	Út
Sécurité	Biztonság
Trafic	Forgalom
Transport	Szállítás
Tunnel	Alagút
Vitesse	Sebesség
Voiture	Autó

Corps Humain
Emberi Test

Bouche	Száj
Cerveau	Agy
Cheville	Boka
Cou	Nyak
Coude	Könyök
Cœur	Szív
Doigt	Ujj
Estomac	Gyomor
Épaule	Váll
Genou	Térd
Lèvres	Ajkak
Main	Kéz
Mâchoire	Állkapocs
Menton	Áll
Nez	Orr
Oreille	Fül
Peau	Bőr
Sang	Vér
Tête	Fej
Visage	Arc

Créativité
Kreativitás

Artistique	Művészi
Authenticité	Hitelesség
Clarté	Világosság
Compétence	Készség
Dramatique	Drámai
Expression	Kifejezés
Émotions	Érzelmek
Fluidité	Folyékonyság
Idées	Ötletek
Image	Kép
Imagination	Képzelet
Impression	Benyomás
Inspiration	Ihlet
Intensité	Intenzitás
Intuition	Intuíció
Inventif	Találékony
Sensation	Szenzáció
Spontané	Spontán
Visions	Víziók
Vitalité	Életerő

Diplomatie
Diplomácia

Ambassade	Nagykövetség
Ambassadeur	Nagykövet
Citoyens	Polgárok
Communauté	Közösség
Conflit	Konfliktus
Conseiller	Tanácsadó
Coopération	Együttműködés
Diplomatique	Diplomáciai
Discussion	Vita
Éthique	Etika
Étranger	Külföldi
Gouvernement	Kormány
Humanitaire	Humanitárius
Intégrité	Integritás
Justice	Igazságosság
Politique	Politika
Résolution	Felbontás
Sécurité	Biztonság
Solution	Megoldás
Traité	Szerződés

Disciplines Scientifiques
Tudományos Tudományágak

Anatomie	Anatómia
Archéologie	Régészet
Astronomie	Csillagászat
Biochimie	Biokémia
Biologie	Biológia
Botanique	Botanika
Chimie	Kémia
Écologie	Ökológia
Géologie	Geológia
Immunologie	Immunológia
Linguistique	Nyelvészet
Mécanique	Mechanika
Météorologie	Meteorológia
Minéralogie	Ásványtan
Neurologie	Neurológia
Physiologie	Fiziológia
Psychologie	Pszichológia
Sociologie	Szociológia
Thermodynamique	Termodinamika
Zoologie	Állattan

Eau
Víz

Canal	Csatorna
Douche	Zuhany
Évaporation	Párolgás
Fleuve	Folyó
Gel	Fagy
Geyser	Gejzír
Glace	Jég
Humide	Nedves
Humidité	Nedvesség
Inondation	Árvíz
Irrigation	Öntözés
Lac	Tó
Mousson	Monszun
Neige	Hó
Océan	Óceán
Ouragan	Hurrikán
Pluie	Eső
Potable	Iható
Vagues	Hullámok
Vapeur	Gőz

Entreprise
Üzleti

Argent	Pénz
Boutique	Üzlet
Budget	Költségvetés
Bureau	Iroda
Carrière	Karrier
Coût	Költség
Devise	Valuta
Employeur	Munkáltató
Employé	Alkalmazott
Entreprise	Vállalat
Finance	Pénzügy
Impôts	Adók
Investissement	Beruházás
Marchandise	Áru
Profit	Nyereség
Revenu	Jövedelem
Réduction	Kedvezmény
Transaction	Tranzakció
Usine	Gyár
Vente	Eladás

Échecs
Sakk

Adversaire	Ellenfél
Apprendre	Tanulni
Blanc	Fehér
Champion	Bajnok
Concours	Verseny
Défis	Kihívások
Diagonal	Átlós
Intelligent	Okos
Jeu	Játék
Joueur	Játékos
Noir	Fekete
Passif	Passzív
Points	Pontok
Reine	Királynő
Règles	Szabályok
Roi	Király
Sacrifice	Áldozat
Stratégie	Stratégia
Temps	Idő
Tournoi	Torna

Écologie
Ökológia

Bénévoles	Önkéntesek
Climat	Éghajlat
Communautés	Közösségek
Diversité	Sokféleség
Durable	Fenntartható
Espèce	Faj
Faune	Fauna
Flore	Növényvilág
Habitat	Élőhely
Marais	Mocsár
Marin	Tengeri
Montagnes	Hegyek
Nature	Természet
Naturel	Természetes
Plantes	Növények
Ressources	Források
Sécheresse	Aszály
Survie	Túlélés
Variété	Fajta
Végétation	Növényzet

Énergie
Energia

Batterie	Akkumulátor
Carbone	Szén
Carburant	Üzemanyag
Chaleur	Hő
Diesel	Dízel
Entropie	Entrópia
Environnement	Környezet
Essence	Benzin
Électrique	Elektromos
Électron	Elektron
Hydrogène	Hidrogén
Industrie	Ipar
Moteur	Motor
Nucléaire	Nukleáris
Photon	Foton
Pollution	Szennyezés
Renouvelable	Megújuló
Soleil	Nap
Turbine	Turbina
Vent	Szél

Épices
Fűszerek

Aigre	Savanyú
Ail	Fokhagyma
Amer	Keserű
Anis	Ánizs
Cannelle	Fahéj
Cardamome	Kardamom
Coriandre	Koriander
Cumin	Kömény
Curry	Curry
Fenouil	Édeskömény
Gingembre	Gyömbér
Muscade	Szerecsendió
Oignon	Hagyma
Paprika	Paprika
Poivre	Bors
Réglisse	Édesgyökér
Safran	Sáfrány
Saveur	Íz
Sel	Só
Vanille	Vanília

Famille
Család

Ancêtre	Ős
Cousin	Unokatestvér
Enfance	Gyermekkor
Enfant	Gyermek
Enfants	Gyermekek
Femme	Feleség
Fille	Lánya
Frère	Testvér
Grand-Mère	Nagymama
Grand-Père	Nagyapa
Mari	Férj
Maternel	Anyai
Mère	Anya
Neveu	Unokaöcs
Nièce	Unokahúg
Oncle	Nagybácsi
Paternel	Apai
Petit-Fils	Unokája
Père	Apa
Tante	Néni

Ferme #1
Gazdaság #1

Abeille	Méh
Agriculture	Mezőgazdaság
Âne	Szamár
Bison	Bölény
Champ	Mező
Chat	Macska
Cheval	Ló
Chèvre	Kecske
Chien	Kutya
Clôture	Kerítés
Corbeau	Varjú
Eau	Víz
Engrais	Trágya
Foin	Széna
Miel	Méz
Poulet	Csirke
Riz	Rizs
Troupeau	Nyáj
Vache	Tehén
Veau	Borjú

Ferme #2
2. Gazdaság

Agneau	Bárány
Agriculteur	Gazda
Animaux	Állatok
Berger	Pásztor
Blé	Búza
Canard	Kacsa
Fruit	Gyümölcs
Grange	Pajta
Irrigation	Öntözés
Lait	Tej
Lama	Láma
Légume	Növényi
Maïs	Kukorica
Mouton	Juh
Nourriture	Élelmiszer
Orge	Árpa
Pré	Rét
Ruche	Méhkas
Tracteur	Traktor
Verger	Gyümölcsös

Fleurs
Virágok

Bouquet	Csokor
Gardénia	Gardénia
Hibiscus	Hibiszkusz
Jasmin	Jázmin
Jonquille	Nárcisz
Lavande	Levendula
Lilas	Halványlila
Lys	Liliom
Magnolia	Magnólia
Marguerite	Százszorszép
Orchidée	Orchidea
Passiflore	Golgotavirág
Pavot	Mák
Pétale	Szirom
Pissenlit	Pitypang
Pivoine	Bazsarózsa
Rose	Rózsa
Tournesol	Napraforgó
Trèfle	Lóhere
Tulipe	Tulipán

Force et Gravité
Erő és Gravitáció

Axe	Tengely
Centre	Központ
Découverte	Felfedezés
Distance	Távolság
Dynamique	Dinamikus
Expansion	Terjeszkedés
Friction	Súrlódás
Impact	Hatás
Magnétisme	Mágnesesség
Mécanique	Mechanika
Mouvement	Mozgás
Orbite	Pálya
Physique	Fizika
Planètes	Bolygók
Poids	Súly
Pression	Nyomás
Propriétés	Tulajdonságok
Temps	Idő
Universel	Egyetemes
Vitesse	Sebesség

Formes
Alakzatok

Arc	Ív
Bords	Élek
Carré	Négyzet
Cercle	Kör
Coin	Sarok
Cône	Kúp
Côté	Oldal
Cube	Kocka
Cylindre	Henger
Ellipse	Ellipszis
Hyperbole	Hiperbola
Ligne	Vonal
Ovale	Ovális
Polygone	Poligon
Prisme	Prizma
Pyramide	Piramis
Rectangle	Téglalap
Rond	Kerek
Sphère	Gömb
Triangle	Háromszög

Fournitures d'Art
Művészeti Kellékek

Acrylique	Akril
Aquarelles	Akvarellek
Argile	Agyag
Brosses	Ecsetek
Caméra	Kamera
Chaise	Szék
Charbon	Faszén
Chevalet	Festőállvány
Colle	Ragasztó
Couleurs	Színek
Crayons	Ceruzák
Créativité	Kreativitás
Eau	Víz
Encre	Tinta
Gomme	Radír
Huile	Olaj
Idées	Ötletek
Papier	Papír
Pastels	Pasztell
Table	Asztal

Fruit
Gyümölcs

Abricot	Sárgabarack
Ananas	Ananász
Avocat	Avokádó
Baie	Bogyó
Banane	Banán
Cerise	Cseresznye
Citron	Citrom
Figue	Ábra
Framboise	Málna
Goyave	Gujávafa
Kiwi	Kivi
Mangue	Mangó
Melon	Dinnye
Nectarine	Nektarin
Orange	Narancs
Papaye	Papaja
Pêche	Őszibarack
Poire	Körte
Pomme	Alma
Raisin	Szőlő

Géographie
Földrajz

Altitude	Magasság
Atlas	Atlasz
Carte	Térkép
Continent	Kontinens
Fleuve	Folyó
Hémisphère	Félteke
Île	Sziget
Latitude	Szélesség
Mer	Tenger
Méridien	Meridián
Monde	Világ
Montagne	Hegy
Nord	Észak
Océan	Óceán
Ouest	Nyugat
Pays	Ország
Région	Vidék
Sud	Dél
Territoire	Terület
Ville	Város

Géologie
Geológia

Acide	Sav
Calcium	Kalcium
Caverne	Barlang
Continent	Kontinens
Corail	Korall
Couche	Réteg
Cristaux	Kristályok
Érosion	Erózió
Fondu	Olvadt
Fossile	Fosszilis
Geyser	Gejzír
Lave	Láva
Pierre	Kő
Plateau	Fennsík
Quartz	Kvarc
Sel	Só
Stalactite	Cseppkő
Stalagmites	Sztalagmitok
Volcan	Vulkán
Zone	Zóna

Géométrie
Geometria

Angle	Szög
Calcul	Számítás
Cercle	Kör
Courbe	Ív
Diamètre	Átmérő
Dimension	Dimenzió
Équation	Egyenlet
Hauteur	Magasság
Logique	Logika
Masse	Tömeg
Médian	Medián
Nombre	Szám
Parallèle	Párhuzamos
Proportion	Arány
Segment	Szegmens
Surface	Felület
Symétrie	Szimmetria
Théorie	Elmélet
Triangle	Háromszög
Vertical	Függőleges

Gouvernement
Kormányzat

Civil	Polgári
Constitution	Alkotmány
Démocratie	Demokrácia
Discours	Beszéd
Discussion	Vita
District	Kerület
Droits	Jogok
Égalité	Egyenlőség
État	Állam
Indépendance	Függetlenség
Judiciaire	Bírósági
Justice	Igazságosság
Liberté	Szabadság
Loi	Törvény
Monument	Emlékmű
Nation	Nemzet
National	Nemzeti
Paisible	Békés
Politique	Politika
Symbole	Szimbólum

Herboristerie
Herbalism

Ail	Fokhagyma
Aromatique	Aromás
Basilic	Bazsalikom
Bénéfique	Előnyös
Culinaire	Konyhai
Estragon	Tárkony
Fenouil	Édeskömény
Fleur	Virág
Ingrédient	Összetevő
Jardin	Kert
Lavande	Levendula
Marjolaine	Majoránna
Menthe	Menta
Persil	Petrezselyem
Qualité	Minőség
Romarin	Rozmaring
Safran	Sáfrány
Saveur	Íz
Thym	Kakukkfű
Vert	Zöld

Ingénierie
Műszaki

Angle	Szög
Axe	Tengely
Calcul	Számítás
Construction	Építés
Diagramme	Diagram
Diamètre	Átmérő
Diesel	Dízel
Distribution	Eloszlás
Engrenages	Fogaskerekek
Énergie	Energia
Force	Erő
Liquide	Folyadék
Machine	Gép
Mesure	Mérés
Moteur	Motor
Profondeur	Mélység
Propulsion	Meghajtás
Rotation	Forgás
Stabilité	Stabilitás
Structure	Szerkezet

Instruments de Musique
Hangszerek

Banjo	Bendzsó
Basson	Fagott
Carillons	Harangjáték
Clarinette	Klarinét
Flûte	Fuvola
Gong	Gong
Guitare	Gitár
Harmonica	Harmonika
Harpe	Hárfa
Hautbois	Oboa
Mandoline	Mandolin
Marimba	Marimba
Piano	Zongora
Saxophone	Szaxofon
Tambour	Dob
Tambourin	Csörgődob
Trombone	Harsona
Trompette	Trombita
Violon	Hegedű
Violoncelle	Cselló

Jardin
Kert

Arbre	Fa
Banc	Pad
Buisson	Bokor
Clôture	Kerítés
Étang	Tavacska
Fleur	Virág
Garage	Garázs
Hamac	Függőágy
Herbe	Fű
Jardin	Kert
Mauvaises Herbes	Gyomok
Pelle	Lapát
Pelouse	Gyep
Râteau	Gereblye
Sol	Talaj
Terrasse	Terasz
Trampoline	Trambulin
Tuyau	Tömlő
Verger	Gyümölcsös
Vigne	Szőlő

Jardinage
Kertészkedés

Botanique	Botanika
Bouquet	Csokor
Climat	Éghajlat
Comestible	Ehető
Compost	Komposzt
Eau	Víz
Espèce	Faj
Exotique	Egzotikus
Feuillage	Lombozat
Feuille	Levél
Fleur	Virág
Floral	Virágos
Graines	Magok
Humidité	Nedvesség
Récipient	Tartály
Saisonnier	Szezonális
Saleté	Piszok
Sol	Talaj
Tuyau	Tömlő
Verger	Gyümölcsös

Jazz
Dzsessz

Album	Album
Artiste	Művész
Célèbre	Híres
Chanson	Dal
Compositeur	Zeneszerző
Composition	Összetétel
Concert	Koncert
Favoris	Kedvencek
Genre	Műfaj
Improvisation	Improvizáció
Musique	Zene
Nouveau	Új
Orchestre	Zenekar
Rythme	Ritmus
Solo	Szóló
Style	Stílus
Talent	Tehetség
Tambours	Dobok
Technique	Technika
Vieux	Régi

Jours et Mois
Napok és Hónapok

Août	Augusztus
Avril	Április
Calendrier	Naptár
Dimanche	Vasárnap
Février	Február
Janvier	Január
Jeudi	Csütörtök
Juillet	Július
Juin	Június
Lundi	Hétfő
Mardi	Kedd
Mars	Március
Mercredi	Szerda
Mois	Hónap
Novembre	November
Octobre	Október
Samedi	Szombat
Semaine	Hét
Septembre	Szeptember
Vendredi	Péntek

L'Entreprise
A Cég

Affaires	Üzleti
Créatif	Kreatív
Décision	Döntés
Global	Globális
Industrie	Ipar
Innovant	Innovatív
Investissement	Beruházás
Possibilité	Lehetőség
Présentation	Bemutatás
Produit	Termék
Professionnel	Szakmai
Progrès	Haladás
Qualité	Minőség
Ressources	Források
Revenu	Bevétel
Réputation	Hírnév
Risques	Kockázatok
Salaire	Bér
Tendances	Trendek
Unités	Egységek

Les Abeilles
Méhek

Ailes	Szárnyak
Bénéfique	Előnyös
Cire	Viasz
Diversité	Sokféleség
Essaim	Raj
Écosystème	Ökoszisztéma
Fleur	Virág
Fleurs	Virágok
Fruit	Gyümölcs
Fumée	Füst
Habitat	Élőhely
Insecte	Rovar
Jardin	Kert
Miel	Méz
Nourriture	Élelmiszer
Plantes	Növények
Pollen	Pollen
Reine	Királynő
Ruche	Kaptár
Soleil	Nap

Les Médias
A Média

Attitudes	Attitűdök
Commercial	Kereskedelmi
Communication	Kommunikáció
En Ligne	Online
Édition	Kiadás
Éducation	Oktatás
Faits	Tények
Images	Képek
Individuel	Egyéni
Industrie	Ipar
Intellectuel	Szellemi
Journaux	Újságok
Local	Helyi
Numérique	Digitális
Opinion	Vélemény
Photos	Fotók
Public	Nyilvános
Radio	Rádió
Réseau	Hálózat
Télévision	Televízió

Légumes
Zöldségfélék

Ail	Fokhagyma
Artichaut	Articsóka
Aubergine	Padlizsán
Brocoli	Brokkoli
Carotte	Sárgarépa
Céleri	Zeller
Champignon	Gomba
Citrouille	Tök
Concombre	Uborka
Échalote	Mogyoróhagyma
Épinard	Spenót
Gingembre	Gyömbér
Navet	Fehérrépa
Oignon	Hagyma
Olive	Olajbogyó
Persil	Petrezselyem
Pois	Borsó
Radis	Retek
Salade	Saláta
Tomate	Paradicsom

Littérature
Irodalom

Analogie	Analógia
Analyse	Elemzés
Anecdote	Anekdota
Auteur	Szerző
Biographie	Életrajz
Conclusion	Következtetés
Description	Leírás
Dialogue	Párbeszéd
Fiction	Fikció
Métaphore	Metafora
Narrateur	Narrátor
Opinion	Vélemény
Poème	Vers
Poétique	Költői
Rime	Rím
Roman	Regény
Rythme	Ritmus
Style	Stílus
Thème	Téma
Tragédie	Tragédia

Livres
Könyvek

Auteur	Szerző
Aventure	Kaland
Collection	Gyűjtemény
Contexte	Kontextus
Dualité	Kettősség
Épique	Epikus
Histoire	Történet
Historique	Történelmi
Humoristique	Tréfás
Inventif	Találékony
Lecteur	Olvasó
Littéraire	Irodalmi
Narrateur	Narrátor
Page	Oldal
Pertinent	Ide Vonatkozó
Poème	Vers
Poésie	Költészet
Roman	Regény
Série	Sorozat
Tragique	Tragikus

Maison
Ház

Balai	Seprű
Bibliothèque	Könyvtár
Chambre	Szoba
Cheminée	Kandalló
Clés	Kulcsok
Clôture	Kerítés
Cuisine	Konyha
Douche	Zuhany
Fenêtre	Ablak
Garage	Garázs
Grenier	Padlás
Jardin	Kert
Lampe	Lámpa
Miroir	Tükör
Mur	Fal
Plafond	Mennyezet
Porte	Ajtó
Rideaux	Függönyök
Tapis	Szőnyeg
Toit	Tető

Maladie
Betegség

Abdominal	Hasi
Allergies	Allergia
Bien-Être	Wellness
Chronique	Krónikus
Contagieux	Fertőző
Corps	Test
Cœur	Szív
Faible	Gyenge
Génétique	Genetikai
Héréditaire	Örökletes
Immunité	Immunitás
Inflammation	Gyulladás
Lombaire	Ágyéki
Neuropathie	Neuropátia
Os	Csontok
Pulmonaire	Tüdő
Respiratoire	Légzés
Santé	Egészség
Syndrome	Szindróma
Thérapie	Terápia

Mammifères
Emlősök

Baleine	Bálna
Chat	Macska
Cheval	Ló
Chien	Kutya
Coyote	Prérifarkas
Dauphin	Delfin
Éléphant	Elefánt
Girafe	Zsiráf
Gorille	Gorilla
Kangourou	Kenguru
Lapin	Nyúl
Lion	Oroszlán
Loup	Farkas
Mouton	Juh
Ours	Medve
Renard	Róka
Singe	Majom
Taureau	Bika
Tigre	Tigris
Zèbre	Zebra

Mathématiques
Matematika

Angles	Szögek
Arithmétique	Számtan
Carré	Négyzet
Décimal	Tizedes
Diamètre	Átmérő
Exposant	Kitevő
Équation	Egyenlet
Fraction	Töredék
Géométrie	Geometria
Nombres	Számok
Parallèle	Párhuzamos
Perpendiculaire	Merőleges
Périmètre	Kerület
Polygone	Poligon
Rayon	Sugár
Rectangle	Téglalap
Somme	Összeg
Sphère	Gömb
Symétrie	Szimmetria
Triangle	Háromszög

Mesures
Mérések

Centimètre	Centiméter
Degré	Fokozat
Décimal	Tizedes
Gramme	Gramm
Hauteur	Magasság
Kilogramme	Kilogramm
Kilomètre	Kilométer
Largeur	Szélesség
Litre	Liter
Longueur	Hossz
Masse	Tömeg
Mètre	Mérő
Minute	Perc
Octet	Bájt
Once	Uncia
Pinte	Pint
Poids	Súly
Pouce	Hüvelyk
Profondeur	Mélység
Tonne	Tonna

Méditation
Elmélkedés

Acceptation	Elfogadás
Attention	Figyelem
Calme	Nyugodt
Clarté	Világosság
Compassion	Együttérzés
Émotions	Érzelmek
Éveillé	Ébren
Gentillesse	Kedvesség
Gratitude	Hála
Habitudes	Szokások
Mental	Mentális
Mouvement	Mozgás
Musique	Zene
Nature	Természet
Observation	Megfigyelés
Paix	Béke
Perspective	Perspektíva
Posture	Testtartás
Respiration	Légzés
Silence	Csend

Mode
Divat

Abordable	Megfizethető
Boutique	Butik
Boutons	Gombok
Broderie	Hímzés
Cher	Drága
Dentelle	Csipke
Élégant	Elegáns
Minimaliste	Minimalista
Moderne	Modern
Modeste	Szerény
Modèle	Minta
Original	Eredeti
Pratique	Gyakorlati
Simple	Egyszerű
Sophistiqué	Kifinomult
Style	Stílus
Tendance	Irányzat
Texture	Textúra
Tissu	Szövet
Vêtements	Ruházat

Musique
Zene

Album	Album
Ballade	Ballada
Chanter	Énekel
Chanteur	Énekes
Classique	Klasszikus
Enregistrement	Felvétel
Harmonie	Harmónia
Harmonique	Harmonikus
Instrument	Eszköz
Lyrique	Lírai
Mélodie	Dallam
Microphone	Mikrofon
Musical	Zenei
Musicien	Zenész
Opéra	Opera
Poétique	Költői
Rythme	Ritmus
Rythmique	Ritmikus
Tempo	Tempó
Vocal	Ének

Mythologie
Mitológia

Archétype	Archetípus
Catastrophe	Katasztrófa
Comportement	Viselkedés
Création	Teremtés
Créature	Teremtmény
Croyances	Hiedelmek
Culture	Kultúra
Éclair	Villám
Force	Erő
Guerrier	Harcos
Héroïne	Hősnő
Héros	Hős
Jalousie	Féltékenység
Labyrinthe	Labirintus
Légende	Legenda
Magique	Mágikus
Monstre	Szörny
Mortel	Halandó
Tonnerre	Mennydörgés
Vengeance	Bosszú

Nature
Természet

Abeilles	Méhek
Abri	Menedék
Animaux	Állatok
Arctique	Sarkvidéki
Beauté	Szépség
Brouillard	Köd
Désert	Sivatag
Dynamique	Dinamikus
Érosion	Erózió
Feuillage	Lombozat
Fleuve	Folyó
Forêt	Erdő
Glacier	Gleccser
Nuage	Felhők
Paisible	Békés
Sanctuaire	Szentély
Sauvage	Vad
Serein	Derűs
Tropical	Trópusi
Vital	Létfontosságú

Nombres
Számok

Cinq	Öt
Deux	Kettő
Décimal	Tizedes
Dix	Tíz
Dix-Huit	Tizennyolc
Dix-Neuf	Tizenkilenc
Dix-Sept	Tizenhét
Douze	Tizenkettő
Huit	Nyolc
Neuf	Kilenc
Quatorze	Tizennégy
Quatre	Négy
Quinze	Tizenöt
Seize	Tizenhat
Sept	Hét
Six	Hat
Treize	Tizenhárom
Trois	Három
Vingt	Húsz
Zéro	Nulla

Nourriture #1
Élelmiszer #1

Ail	Fokhagyma
Basilic	Bazsalikom
Café	Kávé
Cannelle	Fahéj
Carotte	Sárgarépa
Citron	Citrom
Épinard	Spenót
Fraise	Eper
Jus	Gyümölcslé
Lait	Tej
Navet	Fehérrépa
Oignon	Hagyma
Orge	Árpa
Poire	Körte
Salade	Saláta
Sel	Só
Soupe	Leves
Sucre	Cukor
Thon	Tonhal
Viande	Hús

Nourriture #2
Élelmiszer # 2

Amande	Mandula
Aubergine	Padlizsán
Banane	Banán
Blé	Búza
Brocoli	Brokkoli
Cerise	Cseresznye
Céleri	Zeller
Champignon	Gomba
Chocolat	Csokoládé
Jambon	Sonka
Kiwi	Kivi
Mangue	Mangó
Oeuf	Tojás
Pain	Kenyér
Poisson	Hal
Pomme	Alma
Poulet	Csirke
Raisin	Szőlő
Riz	Rizs
Tomate	Paradicsom

Nutrition
Teljesítmény

Amer	Keserű
Appétit	Étvágy
Calories	Kalória
Comestible	Ehető
Diète	Diéta
Digestion	Emésztés
Épices	Fűszerek
Fermentation	Erjesztés
Glucides	Szénhidrátok
Ingrédients	Összetevők
Liquides	Folyadékok
Poids	Súly
Protéines	Fehérjék
Qualité	Minőség
Sain	Egészséges
Santé	Egészség
Sauce	Szósz
Saveur	Íz
Toxine	Toxin
Vitamine	Vitamin

Océan
Óceán

Algue	Hínár
Anguille	Angolna
Baleine	Bálna
Bateau	Hajó
Corail	Korall
Crabe	Rák
Crevette	Garnélarák
Dauphin	Delfin
Éponge	Szivacs
Huître	Osztriga
Méduse	Medúza
Poisson	Hal
Poulpe	Polip
Requin	Cápa
Récif	Zátony
Sel	Só
Tempête	Vihar
Thon	Tonhal
Tortue	Teknős
Vagues	Hullámok

Oiseaux
Madarak

Aigle	Sas
Autruche	Strucc
Canard	Kacsa
Cigogne	Gólya
Colombe	Galamb
Corbeau	Varjú
Coucou	Kakukk
Cygne	Hattyú
Flamant	Flamingó
Héron	Gém
Manchot	Pingvin
Moineau	Veréb
Mouette	Sirály
Oeuf	Tojás
Oie	Liba
Paon	Páva
Perroquet	Papagáj
Pélican	Pelikán
Poulet	Csirke
Toucan	Tukán

Pays #1
Országok #1

Afghanistan	Afganisztán
Allemagne	Németország
Argentine	Argentína
Brésil	Brazília
Canada	Kanada
Espagne	Spanyolország
Équateur	Ecuador
Finlande	Finnország
Inde	India
Israël	Izrael
Italie	Olaszország
Libye	Líbia
Mali	Mali
Maroc	Marokkó
Nicaragua	Nicaragua
Norvège	Norvégia
Panama	Panama
Pologne	Lengyelország
Roumanie	Románia
Venezuela	Venezuela

Pays #2
Országok #2

Albanie	Albánia
Chine	Kína
Danemark	Dánia
France	Franciaország
Haïti	Haiti
Indonésie	Indonézia
Irlande	Írország
Jamaïque	Jamaica
Japon	Japán
Kenya	Kenya
Laos	Laosz
Liban	Libanon
Mexique	Mexikó
Ouganda	Uganda
Pakistan	Pakisztán
Russie	Oroszország
Somalie	Szomália
Soudan	Szudán
Syrie	Szíria
Ukraine	Ukrajna

Paysages
Tájképek

Cascade	Vízesés
Colline	Domb
Désert	Sivatag
Estuaire	Torkolat
Fleuve	Folyó
Geyser	Gejzír
Glacier	Gleccser
Grotte	Barlang
Iceberg	Jéghegy
Île	Sziget
Lac	Tó
Marais	Mocsár
Mer	Tenger
Montagne	Hegy
Oasis	Oázis
Péninsule	Félsziget
Plage	Strand
Toundra	Tundra
Vallée	Völgy
Volcan	Vulkán

Philanthropie
Filantrópia

Besoin	Szükség
Buts	Célok
Charité	Jótékonyság
Communauté	Közösség
Contacts	Kapcsolatok
Défis	Kihívások
Enfants	Gyermekek
Finance	Pénzügy
Fonds	Alapok
Gens	Emberek
Générosité	Nagylelkűség
Global	Globális
Groupes	Csoportok
Histoire	Történelem
Honnêteté	Őszinteség
Humanité	Emberiség
Jeunesse	Ifjúság
Mission	Küldetés
Programmes	Programok
Public	Nyilvános

Physique
Fizika

Accélération	Gyorsulás
Atome	Atom
Chaos	Káosz
Chimique	Kémiai
Densité	Sűrűség
Électron	Elektron
Formule	Képlet
Fréquence	Frekvencia
Gaz	Gáz
Gravité	Gravitáció
Magnétisme	Mágnesesség
Masse	Tömeg
Mécanique	Mechanika
Molécule	Molekula
Moteur	Motor
Nucléaire	Nukleáris
Particule	Részecske
Relativité	Relativitás
Universel	Egyetemes
Vitesse	Sebesség

Plantes
Növények

Arbre	Fa
Baie	Bogyó
Bambou	Bambusz
Botanique	Botanika
Buisson	Bokor
Cactus	Kaktusz
Engrais	Trágya
Feuillage	Lombozat
Fleur	Virág
Flore	Növényvilág
Forêt	Erdő
Grandir	Nő
Haricot	Bab
Herbe	Fű
Jardin	Kert
Lierre	Borostyán
Mousse	Moha
Pétale	Szirom
Racine	Gyökér
Végétation	Növényzet

Professions #1
Foglalkozások #1

Ambassadeur	Nagykövet
Artiste	Művész
Astronome	Csillagász
Avocat	Ügyvéd
Banquier	Bankár
Bijoutier	Ékszerész
Cartographe	Térképész
Chasseur	Vadász
Danseur	Táncos
Entraîneur	Edző
Éditeur	Szerkesztő
Géologue	Geológus
Infirmière	Ápoló
Médecin	Orvos
Musicien	Zenész
Pianiste	Zongorista
Pompier	Tűzoltó
Psychologue	Pszichológus
Scientifique	Tudós
Vétérinaire	Állatorvos

Professions #2
Foglalkozások #2

Astronaute	Űrhajós
Bibliothécaire	Könyvtáros
Biologiste	Biológus
Chercheur	Kutató
Chirurgien	Sebész
Dentiste	Fogorvos
Détective	Nyomozó
Enseignant	Tanár
Illustrateur	Illusztrátor
Ingénieur	Mérnök
Inventeur	Feltaláló
Jardinier	Kertész
Journaliste	Újságíró
Linguiste	Nyelvész
Médecin	Orvos
Peintre	Festő
Philosophe	Filozófus
Photographe	Fotós
Pilote	Pilóta
Zoologiste	Zoológus

Psychologie
Pszichológia

Clinique	Klinikai
Comportement	Viselkedés
Conflit	Konfliktus
Ego	Én
Enfance	Gyermekkor
Expériences	Tapasztalatok
Émotions	Érzelmek
Évaluation	Értékelés
Idées	Ötletek
Inconscient	Eszméletlen
Influences	Befolyások
Pensées	Gondolatok
Perception	Észlelés
Personnalité	Személyiség
Problème	Probléma
Réalité	Valóság
Rêves	Álmok
Sensation	Szenzáció
Subconscient	Tudatalatti
Thérapie	Terápia

Randonnée
Túrázás

Animaux	Állatok
Bottes	Csizma
Camping	Kemping
Carte	Térkép
Climat	Éghajlat
Dangers	Veszélyek
Eau	Víz
Falaise	Szikla
Fatigué	Fáradt
Guides	Útmutatók
Lourd	Nehéz
Météo	Időjárás
Montagne	Hegy
Nature	Természet
Orientation	Orientáció
Parcs	Parkok
Pierres	Kövek
Préparation	Előkészítés
Sauvage	Vad
Soleil	Nap

Remplir
Töltse Ki

Baignoire	Kád
Baril	Hordó
Boîte	Doboz
Bouteille	Üveg
Caisse	Láda
Carton	Karton
Dossier	Mappa
Enveloppe	Boríték
Navire	Hajó
Panier	Kosár
Paquet	Csomag
Plateau	Tálca
Poche	Zseb
Pot	Korsó
Sac	Táska
Seau	Vödör
Tiroir	Fiók
Tube	Cső
Valise	Bőrönd
Vase	Váza

Restaurant #2
Étterem #2

Boisson	Ital
Chaise	Szék
Cuillère	Kanál
Déjeuner	Ebéd
Délicieux	Finom
Dîner	Vacsora
Eau	Víz
Épices	Fűszerek
Fourchette	Villa
Fruit	Gyümölcs
Gâteau	Torta
Glace	Jég
Légumes	Zöldségek
Nouilles	Tészta
Oeuf	Tojás
Poisson	Hal
Salade	Saláta
Sel	Só
Serveur	Pincér
Soupe	Leves

Réchauffement Climatique
A Globális Felmelegedés

Arctique	Sarkvidéki
Attention	Figyelem
Changements	Változások
Climat	Éghajlat
Crise	Válság
Développement	Fejlődés
Données	Adat
Environnemental	Környezeti
Énergie	Energia
Futur	Jövő
Gaz	Gáz
Générations	Generációk
Gouvernement	Kormány
Industrie	Ipar
International	Nemzetközi
Législation	Jogszabályok
Maintenant	Most
Populations	Populációk
Scientifique	Tudós
Températures	Hőmérséklet

Santé et Bien-Être #1
Egészség és Wellness #1

Actif	Aktív
Bactéries	Baktériumok
Blessure	Sérülés
Clinique	Klinika
Faim	Éhség
Fracture	Törés
Habitude	Szokás
Hauteur	Magasság
Hormone	Hormonok
Médecin	Orvos
Médicament	Orvosság
Muscles	Izmok
Os	Csontok
Peau	Bőr
Pharmacie	Gyógyszertár
Posture	Testtartás
Réflexe	Reflex
Thérapie	Terápia
Traitement	Kezelés
Virus	Vírus

Santé et Bien-Être #2
Egészség és Wellness #2

Allergie	Allergia
Anatomie	Anatómia
Appétit	Étvágy
Calorie	Kalória
Corps	Test
Déshydratation	Kiszáradás
Énergie	Energia
Génétique	Genetika
Hôpital	Kórház
Hygiène	Higiénia
Infection	Fertőzés
Maladie	Betegség
Massage	Masszázs
Nutrition	Táplálkozás
Poids	Súly
Récupération	Felépülés
Sain	Egészséges
Sang	Vér
Stress	Stressz
Vitamine	Vitamin

Science
Tudomány

Atome	Atom
Chimique	Kémiai
Climat	Éghajlat
Données	Adat
Expérience	Kísérlet
Évolution	Evolúció
Fait	Tény
Fossile	Fosszilis
Gravité	Gravitáció
Hypothèse	Hipotézis
Laboratoire	Laboratórium
Méthode	Módszer
Molécules	Molekulák
Nature	Természet
Observation	Megfigyelés
Organisme	Szervezet
Particules	Részecskék
Physique	Fizika
Plantes	Növények
Scientifique	Tudós

Science-Fiction
Sci-Fi

Atomique	Atomi
Cinéma	Mozi
Explosion	Robbanás
Extrême	Szélsőséges
Fantastique	Fantasztikus
Feu	Tűz
Futuriste	Futurisztikus
Galaxie	Galaxis
Illusion	Illúzió
Imaginaire	Képzeletbeli
Livres	Könyvek
Monde	Világ
Mystérieux	Rejtélyes
Oracle	Jóslat
Planète	Bolygó
Réaliste	Reális
Robots	Robotok
Scénario	Forgatókönyv
Technologie	Technológia
Utopie	Utópia

Sport
Sport

Athlète	Atléta
Capacité	Képesség
Corps	Test
Cyclisme	Kerékpározás
Danse	Tánc
Diète	Diéta
Endurance	Kitartás
Entraîneur	Edző
Force	Erő
Jogging	Kocogás
Maximiser	Maximalizálás
Métabolique	Metabolikus
Muscles	Izmok
Nager	Úszni
Nutrition	Táplálkozás
Objectif	Cél
Os	Csontok
Programme	Program
Santé	Egészség
Sports	Sport

Technologie
Technológia

Affichage	Kijelző
Blog	Blog
Caméra	Kamera
Curseur	Kurzor
Données	Adat
Écran	Képernyő
Fichier	Fájl
Internet	Internet
Logiciel	Szoftver
Message	Üzenet
Navigateur	Böngésző
Numérique	Digitális
Octets	Bájt
Ordinateur	Számítógép
Police	Betűtípus
Recherche	Kutatás
Sécurité	Biztonság
Statistiques	Statisztika
Virtuel	Virtuális
Virus	Vírus

Temps
Idő

Année	Év
Annuel	Éves
Après	Után
Aujourd'Hui	Ma
Avant	Előtt
Bientôt	Hamar
Calendrier	Naptár
Décennie	Évtized
Futur	Jövő
Heure	Óra
Hier	Tegnap
Jour	Nap
Maintenant	Most
Matin	Reggel
Midi	Dél
Minute	Perc
Mois	Hónap
Nuit	Éjszaka
Semaine	Hét
Siècle	Század

Types de Cheveux
Haj Típusok

Argent	Ezüst
Blanc	Fehér
Blond	Szőke
Boucles	Fürtök
Brillant	Fényes
Chauve	Kopasz
Coloré	Színes
Court	Rövid
Doux	Puha
Épais	Vastag
Frisé	Göndör
Gris	Szürke
Long	Hosszú
Marron	Barna
Mince	Vékony
Noir	Fekete
Ondulé	Hullámos
Sain	Egészséges
Sec	Száraz
Tressé	Fonott

Univers
Világegyetem

Astéroïde	Aszteroida
Astronome	Csillagász
Astronomie	Csillagászat
Atmosphère	Légkör
Ciel	Ég
Cosmique	Kozmikus
Équateur	Egyenlítő
Galaxie	Galaxis
Hémisphère	Félteke
Horizon	Horizont
Latitude	Szélesség
Longitude	Hosszúság
Lune	Hold
Obscurité	Sötétség
Orbite	Pálya
Solaire	Nap
Solstice	Napforduló
Télescope	Távcső
Visible	Látható
Zodiaque	Állatöv

Vacances #2
Nyaralás #2

Aéroport	Repülőtér
Camping	Kemping
Carte	Térkép
Étranger	Külföldi
Hôtel	Szálloda
Île	Sziget
Loisir	Szabadidő
Mer	Tenger
Passeport	Útlevél
Photos	Fotók
Plage	Strand
Restaurant	Étterem
Réservations	Foglalások
Taxi	Taxi
Tente	Sátor
Train	Vonat
Transport	Szállítás
Vacances	Nyaralás
Visa	Vízum
Voyage	Utazás

Véhicules
Járművek

Ambulance	Mentőautó
Avion	Repülőgép
Bateau	Hajó
Bus	Busz
Camion	Kamion
Caravane	Lakókocsi
Ferry	Komp
Fusée	Rakéta
Hélicoptère	Helikopter
Métro	Metró
Moteur	Motor
Pneus	Gumik
Radeau	Tutaj
Scooter	Robogó
Taxi	Taxi
Tracteur	Traktor
Train	Vonat
Van	Furgon
Vélo	Kerékpár
Voiture	Autó

Vêtements
Ruházat

Bracelet	Karkötő
Ceinture	Öv
Chapeau	Kalap
Chaussure	Cipő
Chemise	Ing
Chemisier	Blúz
Collier	Nyaklánc
Foulard	Sál
Gants	Kesztyű
Jeans	Farmer
Jupe	Szoknya
Manteau	Kabát
Mode	Divat
Pantalon	Nadrág
Pull	Pulóver
Pyjama	Pizsama
Robe	Ruha
Sandales	Szandál
Tablier	Kötény
Veste	Dzseki

Ville
Város

Aéroport	Repülőtér
Banque	Bank
Bibliothèque	Könyvtár
Boulangerie	Pékség
Cinéma	Mozi
Clinique	Klinika
École	Iskola
Fleuriste	Virágárus
Galerie	Galéria
Hôtel	Szálloda
Librairie	Könyvesbolt
Marché	Piac
Musée	Múzeum
Pharmacie	Gyógyszertár
Restaurant	Étterem
Stade	Stadion
Supermarché	Szupermarket
Théâtre	Színház
Université	Egyetem
Zoo	Állatkert

Félicitations

Vous avez réussi !

Nous espérons que vous avez apprécié ce livre autant que nous avons pris plaisir à le concevoir. Nous faisons de notre mieux pour créer des livres de la meilleure qualité possible.
Cette édition est conçue pour permettre un apprentissage intelligent et de qualité en se divertissant !

Vous avez aimé ce livre ?

Une Simple Demande

Nos livres existent grâce aux avis que vous publiez. Pourriez-vous nous aider en laissant un avis maintenant ?

Voici un lien rapide qui vous mènera à votre
page d'évaluation de vos commandes :

BestBooksActivity.com/Avis50

CHALLENGE FINAL !

Défi n°1

Êtes-vous prêt pour votre jeu bonus ? Nous les utilisons tout le temps mais ils ne sont pas si faciles à trouver. Voici les **Synonymes** !

Notez 5 mots que vous avez trouvés dans les puzzles notés ci-dessous (n°21, n°36, n°76) et essayez de trouver 2 synonymes pour chaque mot.

Notez 5 Mots du **Puzzle 21**

Mots	Synonyme 1	Synonyme 2

Notez 5 Mots du **Puzzle 36**

Mots	Synonyme 1	Synonyme 2

Notez 5 Mots du **Puzzle 76**

Mots	Synonyme 1	Synonyme 2

Défi n°2

Maintenant que vous vous êtes échauffé, notez 5 mots que vous avez découverts dans les Puzzles n° 9, n° 17, n° 25 et essayez de trouver 2 antonymes pour chaque mot. Combien pouvez-vous en trouver en 20 minutes ?

Notez 5 Mots du **Puzzle 9**

Mots	Antonyme 1	Antonyme 2

Notez 5 Mots du **Puzzle 17**

Mots	Antonyme 1	Antonyme 2

Notez 5 Mots du **Puzzle 25**

Mots	Antonyme 1	Antonyme 2

Défi n°3

Formidable ! Ce défi final n'est rien pour vous.

Prêt pour le dernier défi ? Choisissez 10 mots que vous avez découverts parmi les différents puzzles et notez-les ci-dessous.

1.	6.
2.	7.
3.	8.
4.	9.
5.	10.

Maintenant, composez un texte en pensant à une personne, un animal ou un lieu que vous aimez !

Astuce: Vous pouvez utiliser la dernière page de ce livre comme brouillon !

Votre Composition :

CARNET DE NOTES :

À TRÈS BIENTÔT !

Toute l'équipe

DECOUVREZ DES JEUX GRATUITS

GO

↓

BESTACTIVITYBOOKS.COM/FREEGAMES